사회적 합의의 역사적 교훈

-일본의 구조조정과 노사정관계, 1890-1990

선재원 지음

도서출판 해남

사회적 합의의 역사적 교훈

–일본의 구조조정과 노사정관계, 1890–1990

초판1쇄 인쇄 2015년 8월 24일
초판1쇄 발행 2015년 8월 31일

저 자 선재원
발행인 노현철
발행처 도서출판 해남

출판등록 1995. 5. 10 제 1-1885호
주 소 서울특별시 서대문구 충정로 38-12(충정로 3가) 우리타워 6F
전 화 739-4822 **팩스** 720-4823
이 메 일 haenamin30@naver.com
홈페이지 www.hpub.co.kr

ISBN 978-89-6238-090-3 93320

이 저서는 2010년도 정부재원(교육과학기술부 학술연구조성사업비)으로 한국연구재단의 지원을 받아 연구되었음(NRF-2010-812-B00037).

머리말

본서는 박사학위논문을 작성했을 때에 미흡했던 일본 노사관계의 역사에 관한 연구를 보충하기 위해 1996년부터 시작되었다.

노사관계 연구의 여러 주제 중에서, 특히 구조조정에 주목하게 된 이유는 일본의 노사관계가 협조적인 관계이기는 하지만 항상 긴장되어 있는 실태를 전달하고 싶었기 때문이었다. 또한 긴장과 협조의 상반된 상태를 유지하는 원리와 그 기원을 밝히고 싶었다. 연구서를 통해서 얻은 안정적인 일본 노사관계에 대한 인식과는 달리 일본 노사관계의 긴장감을 처음 느끼게 된 것은 대학원 시절 일본 조선중기노련의 요청으로 부산지역 중소 조선회사 노조 간부의 일본 연수 통역을 맡아 일본의 중소 조선회사를 방문했을 때였다. 노조의 초청으로 방문한 한국 노조연수단을 환영하는 자리에 노조위원장 및 노조 간부가 참석한 것은 물론 공장장도 참석한 것이 인상적이었다. 처음에는 화기애애한 분위기로 해당 조선소에 대한 소개 등의 대화가 오가다가 노사관계 현안으로 대화가 이어지자 표현은 부드러웠지만 팽팽한 노사 양측의 의견을 충분히 감지할 수 있었다. 노사관계란 서로의 입장이 다르지만 협조하며 서로의 이익을 조정하는 관계라는 지극히 당연한 사실을 현장에 가서야 깨달을 수 있었다. 이후 일본의 회사 또는 공장을 방문하여 노사 현안에 대한 대화를 나눌 때도 유사한 인식을 가질 수 있었다. 이렇듯 항상 긴장되어 있지만 협조해 나가는 일본의 노사관계는 서로 간의 갈등이 있더라도 목표를 달성할 때까지는 협조해 나가는 일본 사회(유사 게마인샤프트에 기초한 게젤샤프트)의 인간관계를 잘 반영하고 있다.

이와는 다른 한국 노사관계의 실태를 인식할 수 있었던 계기는 이 또한 대학원 시절 IMF-JC(세계금속연맹 일본 지부)의 통역 요청에 따라 말레이시아 쿠알라룸푸르에서 개최된 세계금속연맹 회의에 참석하여 만난 한국 재벌계 회사 노동위원장과의 대화를 통해서였다. 노사의 대화가 단절되는 계기가 노사관계 현안뿐만 아니라 인격존중에 기초하지 않은 회사측의 노동자 대표에 대한 태도라는 점과 비정규직의 해결방안을 제시하지 못하는 이유는 회사 내의 노동자집단 간의 경쟁 때문이라는 등의 이야기를 나누며, 일본과는 사뭇 다른 상황임을 인식할 수 있었다. 본서는 당시에 인식했던 한국 노사관계의 문제점 해결에 대한 시사점을 제시하기 위한 시도이기도 하다. 또한 본서의 작성을 시작한 이후에 1997년 외환위기가 발생하여 그 이후의 추이를 일본에서 지켜보면서 발생 배경은 다르지만 구조조정 과정이 본서에서 집중적으로 분석한 부흥기의 그것과 유사하다는 생각을 했었다. 다만 본서에서도 다루었듯이 일본의 구조조정은 노사의 협의에 맡기되 노동자의 의견을 반영하도록 조치를 취한 정부의 비교적 합리적인 개입이 한국과는 달랐다.

일본 노사관계사 연구로 초보적인 수준이기는 하나 본서가 만들어지기까지 많은 분들의 도움을 받았다. 먼저 대학원 시절 통역 의뢰를 받았을 때부터의 인연인 고이케 카즈하루(小池和春) 씨께 감사하고 싶다. 그는 1960년대 대규모 중공업회사인 IHI(이시카와지마 하리마 중공업)에 당시 장기안정고용의 대표적 형태인 연수생으로 입사하여 노조위원장을 역임했으며, 1970년대 후반 대규모 구조조정 과정에서도 중추적인 역할을 담당하였다. 이후 그는 IHI에서 일본조선중기노련으로 파견되어 활동하였고 철강노련, 조선중기노련, 비철연합에 의해 새롭게 조직된 기간노련(基幹勞連)의 결성에도 깊게 관여하였다. 노사관계에 대해 다소 보수적인 입장을 갖고 있지만 역사일반에 관한 월간지를 구독하는 등 폭넓은 지식에 기초한 노사관계 인식과 일에 대한 치밀함에 가끔 놀라곤 했다. 그가 소개하여 얻을 수 있었던 사세보중공업의 노동조합 자료 그리고 사세보조선소 및 도쿄 본사의 자료, 저자의 무리한 부탁을 받아들여 직접적인 관련이 없었던 쇼와전공 가와사키공장의 노조지부를 함께 방문하여 얻은 1945년부터 현재까지의 활동일지 등은 방대한 양이었기에 본서에서는 일부분만을 사용할 수밖에 없었다. 또한 일본의 조선 지배에 대한 폭넓은 연구성과를 지속적으로 거두고 있는 히구치 유이치(樋口雄一) 씨는 가나가와현(神奈川県) 공문서관에 재직했을 당시에 가나가와현에 있었던 도시바 가와사키 주력공장의 노사관계 관련 자료를 상세히 소개해 주어 본서에 수록된 첫 연구성과를 얻을 수 있었다. 그의 연구자세에 존경의 의를 표하며 감사의 말도 전하고 싶다. 이러한 방대한 자료의 정리는 수도대학동경(首都大學東京, 구 동경도립대학)의 야마자키 시로(山崎志郎) 교수의 도움 없이는 가능하지 않았다. 본인의 자료만으로도 가득한 연구실에 저자가 부탁한 자료를 쌓아놓고 오랜 시간에 걸쳐 정리해 준 그의 호의에 진심으로 감사드린다. 그의 그 동안의 일본 전시경제 연구성과를 집대성하여 최근 출간한 책들을 보면서 범접하기 어렵다는 생각이 새삼 들었다. 일본과의 입체적인 비교를 통해 한국조선산업사를 새롭게 써나가고 있던 바쁜 중에도 사세보중공업 사세보조선소에 자료수집을 위해 방문하자고 제의하였을 때 마다하지 않고 동행해 준 변함없는 연구동료인 배석만 교수와 여느 때와 같이 본서의 초고에 대해서도 조언과 격려를 해주신 박섭 교수께도 감사하고 싶다. 이재원 학생은 믿기 어려울 정도로 본서의 초고를 자세히 읽고 자신의 의견과 대안을 친절히 제시해 주었다. 그의 성실함과 진지함에 머리 숙여 감사하고 싶다. 마지막으로 13년 전 귀국하였을 때 경제사학회 학술대회의 첫 만남에서 나눈 약속을 잊지 않고 출간에 이르게 해주신 도서출판 해남의 노현철 사장과 막바지에 많은 원고수정을 성실하게 고쳐 주신 편집부께 감사드린다.

민병갈기념관의 잔잔한 영상, 아담한 식물원 옆의 한적한 벤치, 우거진 나무들 속의 나무발판 길, 모세의 기적으로 맞닿는 섬에서 조개 줍는 사람들, 서해가 시원하게 내다보이는 벤치를 생각하며.

가깝지만 다른 일본과의 관계를 생각하게 하는

2015년 8월 15일 아침

신재원

차례

제Ⅱ부
노사정 합의의 전제: 온정과 인격존중, 1890-1945

제Ⅲ부
노사정 합의의 출발점: 위기와 교훈, 1945-49

제Ⅳ부
노사정 합의의 정착: 교훈의 내재화, 1950-90

표 차례

그림 차례

서장

일본의 구조조정과 사회적 합의

1. 노사정관계와 사회적 합의
2. 장기안정고용=종신고용
3. 구조조정
4. 일본의 산업민주주의와 인격주의
5. 노사협의와 실질적 사회적 합의
6. 본서의 구성

서장

일본의 구조조정과 사회적 합의

1. 노사정관계와 사회적 합의

일본의 노사관계가 안정적인 이유는 노사가 하나로 되었기 때문이 아니라, 노사가 역사적 교훈의 산물인 사회적 합의를 통해 긴장관계를 조정하며 협조하고 있기 때문이다.

시장경제 자본주의 사회의 사회적 합의는 어떠한 과정을 통해 이루어졌을까? 사회적 합의는 이해당사자 간의 합의를 통해 갈등으로 발생하는 비용을 절감시켜 사회를 안정적으로 유지할 수 있게 한다. 노사관계의 사회적 합의는 직접적인 이해당사자인 노동자와 사용자, 그리고 간접적 이해당사자인 정부 간에 이루어져야 안정적으로 유지될 수 있다. 본서의 목적은 노사정 합의기구가 법제화되어 있음에도 불구하고 실질적인 사회적 합의가 이루어지지 않고 있는 한국의 노사정관계에 대해 시사점을 제시하기 위하여, 노사정 합의기구가 법제화되어 있지 않지만 오랜 역사적 과정을 통해 실질적인 사회적 합의가 형성된 일본의 사례를 고찰하여 교훈을 도출하려는 것이다.

사회적 합의에 기초하고 있다고 평가할 수 있는 현재의 일본 노사관계도 지극히 당연한 사실이지만, 사회적 조건이 결여된 상태로부터 출발하여 시행착오를 거쳐 현재에 이른 것이다. 따라서 본서는 사회적 조건이 결여되었다는 점에 주목하면서 한국 노사관계의 사회적 합의에 대해 고찰한 기존 연구의 문제제기에 대한 답변이기도 하다(임상훈, 2006; 은수미, 2006; 조형제, 2007). 은수미(2006)는 사회적 합의(사회적 대화)의 전제조건으로 노사의 자발적 참여, 노사의 상호존중, 노사의 위기의식 공유, 정부의 역할을 제시하고 있다. 본서는 처음에는 노사의 자발적 참여가 이루어지지 않았지만 정부의 개입과 위기의식의 공유에 의해 사회적 합의에 이르게 되었던 일본 노사관계의 역사적 경험에 주목하고 있다. 또한 본서는 이러한 사회적 합의는 노사관계에 대한 사용자의 긍정적인 인식이 전제되어 있는 점도 강조하고 있다. 이러한 점은 일본의 철도, 우체국, 통신 부문 기업의 경영전략이 노조와 협조하려는 경향이 지배적인 반면, 한국 동일 부문 기업의 경영전략은 노조를 배제하거나 회피하려는 경향이 지배적이라는 연구 결과와 맥락을 같이 한다(조성재 외, 2009). 본서는 일본 노사관계의 사회적 합의가 법적 강제에 의한 것보다 노사의 실질적 합의에 기초하여 형성되고 유지되고 있다는 점을 강조하고 있다. 이러한 점을 강조하고 있는 본서의 고찰은 1970년대와 2000년대 일본의 경제위기 때 실질적인 노사관계의 사회적 합의(사회적 협의)에 대해 고찰한 임상훈(2008)의 역사적 전제를 설명하는 것이기도 하다.

2. 장기안정고용=종신고용

감량경영을 실현하는 과정인 구조조정은 사용자와 첨예한 갈등을 초래하여 노사관계의 여러 측면 중에서도 가장 큰 비용을 발생하게 한다. 따라서 시장경제 자본주의에서는 구조조정 과정에서 노사정 합의가 이루어져야 안정적인 사회적 합의가 이루어졌다고 평가할 수 있다. 따라서 본서는 일본 기업이 구조조정을 시행했을 때의 노사정 합의 과정을 역사적 경과에 따라 고찰하여 사회적 합의에 이르는 과정을 살펴보려 한다. 이러한 본서의 목적을 달성하기 위해서는 먼저 일본의 장기안정고용, 즉 '종신고용'을 올바르게 이해해야 한다.

일반적으로 '종신고용'이라고 불리는 일본의 '장기안정고용'은 어떻게 형성되고 유지되어 왔을까? '종신고용'이라는 용어는 의외로 미국 경영학자 아베글렌(James C. Abegglen)에 의해 만들어져 일본에 역수입되어 정착되었다. 아베글렌은 1955년에 오사카 공업지역을 중심으로 고용실태를 조사하여, 일본 고용형태의 중요한 특징을 'a lifetime commitment(employment)'라고 지적하였다(Abegglen, 1958). 이 지적을 '종신고용'이라는 일본어로 번역하여, 그 이후 일본 노사관계의 특징을 나타내는 용어로 정착된 것이다.

한편, 우지하라 쇼지로(氏原正治郎)는 아베글렌의 연구 이전에 이미 일본 고용형태의 특징을 '종신고용'적이라고 지적하고 있었다. 그는 1950년에 동경 주변의 수도권(京浜) 공업지역의 조사를 분석하여 대규모 공장에서의 장기근속 현상을 발견하고 이러한 현상이 중소기업의 고용형태와 구별된다는 점을 강조했다(氏原正治郎, 1966). 이른바 '내부노동시장'의 실태와 원리를 밝혀 일본 고용형태의 특징으로 제시한 것이다. 여기에서 내부노동시장이란 기업 안에서 만들어진 인사제도 또는 관행에 의해 임금과 지위가 결정되는 것을 의미하며, 노동력의 수요와 공급에 의해 임금이 결정되는 기업 밖의 외부노동시장과 대비되는 개념을 말한다.

우지하라는 이른바 '종신고용'의 관행이 주로 대규모 기업에서 발견된다는 점을 강조했다. 이러한 점은 고도성장(1955-72)과 안정성장(1973-89)을 거쳐 거품경제가 꺼진 이후의 1992년 조사에서도 확인할 수 있다. 1992년 현재 40대 후반 종신고용 남자종업원의 비율이 천 명 이상 대규모 사업체에서 40%에 이르렀으나, 전체 사업체에서는 22%에 불과하였다. 1992년 현재 정년 직전의 50대

전반 종신고용의 남자종업원 비율이 천 명 이상 사업체에서 30%에 이르렀으나, 전체 사업체에서는 15%에 불과하였다. 여기에서 일반적으로 알려진 '종신고용'이라는 관행(고용의 룰)이 전체 사업체의 경우에 일부에게 적용되었고, 대규모 사업체 남자종업원의 경우에도 대부분이 아닌 일부분에게만 적용되고 있다는 사실을 알 수 있다. 본서는 이렇듯 그 동안 알고 있었던 사실과 다른 일본의 고용실태에 주목하고 있는 것이다. 이러한 소수의 종신고용 형태와 다수의 비종신고용 형태가 공존하는 고용구조는 구조조정 방식이 정착되는 과정에서 탄생된 것이다.

3. 구조조정

일본의 구조조정(restructuring)은 다음과 같은 순서로 진행된다. 일본 기업은 불황이 2년 연속되면 먼저 임금 상승을 억제하고 신규 및 중도 채용 그리고 임시직의 재계약을 중지한다. 그래도 불황이 계속되면 하청을 줄이거나 잔업 또는 조업 시간을 단축하는 업무배분(work sharing)을 한다. 업무배분은 임금 삭감으로 이어지는데, 이러한 업무배분은 희망퇴직을 시행하기 전의 어느 단계에서도 시행될 수 있다. 업무배분 후에도 불황이 지속되면 각 지역의 사업소 내부 또는 사업소 간의 소속 부서를 바꾸는 배치전환을 실시하고, 일시적인 휴업 또는 관련 회사로 파견하는 출향(出向)을 시행한다. 여기에서 출향이란 모기업의 소속은 유지하되 관련 회사 또는 자회사로 출근하며 근무하는 것을 말한다. 출향은 불황기 이외에도 시행되며 모기업과의 임금격차가 발생하면 그 차액은 모기업에서 충당한다. 그리고 최후의 수단으로 희망퇴직(명예퇴직)을 실시한다. 본서에서는 위에서 언급한 모든 내용을 '구조조정'이라 말하고 있으며, 그 중에서 희망퇴직을 포함한 비자발적 퇴직을 '인원정리'라고 말하고 있다.

4. 일본의 산업민주주의와 인격주의

일본 노사관계 연구 수준의 현주소라 할 수 있는 사구치 카즈로의 연구는 던롭의 노사관계 시스템론(Dunlop, 1958)을 비판적으로 계승하면서 일본 산업민주주의의 역사적 전제를 분석했다(佐口和郎, 1991). 사구치의 던롭 비판은 다음의 세 가지로 요약할 수 있다. 첫째, 던롭은 노사관계에서의 '룰'(rule)이 한 번 형성되면 일정 기간 안정된다고 파악하고 있지만, 사구치는 '룰'이 근본적으로 불안정하다고 파악하고 '룰'의 안정성이 재생산될 수 있는 조건에 대해 분석해야 한다고 한다. 둘째, 던롭이 노사관계에서 형성된 '이데올로기'를 노사 각 주체 간에 공유되고 있는 것으로 파악하고 있지만, 사구치는 노사에 의해 형성된 이데올로기라 하더라도 이데올로기에 대한 노사의 이해가 다를 수 있기에 그 이해의 차이가 노사관계 시스템에 어떠한 변화를 초래했는가에 대해 명확히 할 필요가 있다고 한다. 셋째, 던롭이 각 지역의 노사관계 시스템론이 수렴할 것으로 예상했지만, 사구치는 노사관계가 각 나라에서 시장경제 자본주의가 형성되는 과정에서 탄생했다는 점에서는 유사하지만, 각 지역의 고유한 역사, 사회, 문화, 경제행위에 의해 강하게 규정되고 있다는 점을 강조하면서 던롭의 수렴론을 비판하고 있다.

이러한 던롭에 대한 비판에 기초하여 사구치는 일본 산업민주주의의 형성 모색기였던 제1차 세계대전 이후부터 제2차 세계대전까지의 시기를 대상으로 산업민주주의의 대안 헤게모니로서 '인격주의'라는 개념을 중심으로 현대일본 노사관계의 역사적 전제에 대해 분석했다. 그는 인격주의란 '노동자의 인간으로서의 존엄을 인정'하는 것이며, 그것은 사회적 지위의 확보를 요구하는 이데올로기로서의 보편적 요소와 경영자가 주도하여 노동자도 받아들이는 상품거래 주체 간의 거래가 아니라 동등한 인간이라는 의미에서의 노사평등관계를 이루는 기초라고 한다. 한편, 그는 전후 일본 노동조합이 노동쟁의와 같은 비일상적인 사태가 발생하여 자신의 이익을 지키려 했을 때의 행동양식의 역사적 전제를 다음과 같이 설명한다. 즉, 그는 일본의 노동조합은 제2차 세계대전 시기의 총력전에서 국가의 동원에 능동적으로 참여하여 얻은 경제적 · 사회적 지위 향상이라는 운신의 폭이 좁을 수밖에 없었던 역사적 경험에 기초하여 전후의 노사관계에 참여하며 노동자의 이익을 확보하려 했다고 한다. 또한 그는 일본 노동자가 노동 문제를 노사관계의 직접적 당사자인 사용자와의 관계에 기초하여 해결하려다 보니 국가에 의뢰하는 경향이 강한, 즉 무매개적으로 국가에 의존하는 경향이 강한 특성이 있었다고 한다.

이상의 사구치의 현상 인식과 분석 개념은 일본의 노사정관계 및 산업민주주의를 분석할 때 매우 유용하나 다음과 같은 문제점을 지적하지 않을 수 없다. 첫째, 그의 일본의 고용실태와 그것을 가능하게 하는 재생산 조건에 대한 인식이 명확하지 않다. 먼저 일본의 사용자와 노동자 모두 장기안정고용을 원하는 것은 사실이지만, 앞에서 지적한 바와 같이 장기안정고용을 적용받는 노동자는 소수이고, 장기안정고용자가 다수를 점하고 있는 고용실태를 일본 고용의 주요 현상으로 인식하고 있지 않는 점을 지적할 수밖에 없다. 즉, 그의 인식과는 달리 비일상적인 사태가 발생했을 때, 특히 구조조정이 시행되었을 때 노동자 대표 또는 노동조합이 생활보장의 논리에 따라 행동하여 소수의 장기안정고용자와 다수의 비장기안정고용자를 배출하는 룰이 만들어졌고, 이러한 일본의 고용 룰은 단결권이 법적으로 보장된 패전 이후 시행착오를 거쳐 사회적 합의를 통해 재생산될 수 있었다는 사실 인식이 부족하다. 둘째, 시장경제

자본주의 사회의 기본적인 룰에 대한 인식이 철저하지 못하다. 일본의 노사관계가 기본적으로 노사 모두 동등한 인간이라는 노사평등의 인격주의에 기초하여 운영되어 왔던 것은 사실이지만, 노동자가 노사평등을 요구하더라도 경영자가 받아들이지 않으면 노사관계가 성립되지 않는다. 따라서 이를 보완하기 위해서는 인격주의에 기초한 노사관계의 성립에 크게 영향을 미친 경영자의 역할에 대해 고찰할 필요가 있다. 셋째, 노사관계는 최종적으로 노사에 의해 받아들여져야 실질적으로 운용될 수 있다는 점을 경시하고 있다. 그는 관료의 주도에 의해 최초의 노동법인 공장법과 제2차 세계대전 총력전체제의 경영자, 직원, 공원을 포괄한 조직(산업보국회)이 성립된 점에 기초하여 일본 노동자가 무매개적으로 국가에 의존하고 있다고 평가한다. 그렇지만 노사관계는 시행착오를 거쳐 실질적인 합의에 도달하여야 비로소 안정적으로 운용될 수 있다는 점을 간과하고 있다.

5. 노사협의와 실질적 사회적 합의

본서가 패전 직후 부흥기에 주목하고 있는 이유를 최근 현대사회의 기원으로서 제2차 세계대전 시기의 총력전체제를 주목하여 분석한 기존 연구와 관련하여 설명하고자 한다. 야마노우치 야스시는 제2차 세계대전 시기를 '계급사회에서 시스템 사회로 이행'했던 '사회체제 개편'의 시기였다고 평가한다(山之內靖, 1995). 총력전체제는 한 나라의 물적 자원뿐만 아니라 노동자와 같은 인적 자원을 전면적으로 동원하는 과정에서 노동자에게 시민권을 부여하는 그 이전 시기에는 발생한 적이 없었던 '심각한 장애'를 넘어야 했다고 한다. 왜냐하면 노동자에게 시민으로서의 정당성을 부여하지 않으면 총력전 수행의 '주체'적인 담당자가 되고자 하는 '내적 동기'가 결여되기 때문이라 한다. 따라서 전쟁 수행의 주체, 즉 국가가 노동자들을 '강제적으로 균질화'하여 총력전체제에 통합시켜야만 했다고 한다. 그 과정에서 국가와 시민사회, 가족과 시민사회 사이의 경계가 불분명해지고 공공생활과 개인생활과의 상호침투가 진행되었다고 한다. 야마노우치의 이러한 주장은 '공리주의'(utilitarianism)를 비판하고 '주의주의'(主意主義, voluntarism)를 제시한 탤컷 파슨스(Talcott Parsons)의 견해에 기초하여, 위르겐 하버마스(Jurgen Habermas)의 '의사소통행위론'을 비판하고 있는 것이다. 하버마스의 의사소통행위는 '화자와 청자 간에 이해 가능성, 진리성, 정당성, 진실성 등에 대한 타당성 요구를 제기하고 서로 인정하게 되는 상호이해적 과정'(송호근, 1996: 134)이라고 규정할 수 있다. 이에 따르면 노사관계는 각자의 이성에 근거하여 양자의 이익이 공정하게 결정되도록 협의하는 과정이라고 규정할 수 있다. 야마노우치는 이러한 하버마스의 주장을 의사소통적 이성이 시스템 사회를 특징짓는 기능주의적 이성을 비판적으로 상대화시킬 수 있다고 하는 것이라고 설명한다. 그렇지만 야마노우치는 현대에는 공공생활과 개인생활이 상호침투하여 공공생활과 개인생활을 분리하기 힘들어 의사소통적 이성이 성립하기 어렵기 때문에 하버마스의 주장이 설득력을 얻을 수 없다고 비판하고 있는 것이다. 야마노우치는 공공생활과 개인생활의 상호침투가 역사적으로는 제2차 세계대전기 총동원체제가 형성되었을 때에 결정적으로 심화되었다고 주장하는 것이다. 이는 사구치가 제2차 세계대전기 일본의 노동자와 사용자가 의도하지는 않았지만 총력전체제에 편입되는 과정에서 노동자계급과 자본가계급 각각의 일원이 아니라 시스템의 일원으로 편입되어 각자의 입장에서의 이성에 기초한 관계가 성립하기 어렵게 되었다고 하는 주장과 일맥상통한다.

야마노우치의 문제제기는 '미성숙한 일본 사회'의 극복을 목표로 하는 일본 시민사회론에 대한 통렬한 비판에서 비롯되었다. 이러한 문제제기는 전후 일본 사회가 비록 미성숙한 상태에서 출발하였지만 성숙하고 있다는 일본 시민사회론의 낙관적 견해에 대한 근본적인 비판이라는 점에서는 겸허히 받아들일 필요가 있다. 그렇지만 앞에서도 언급하였듯이 노사관계는 국가에 의한 강력한 개입이 있다 하더라도 노동자와 사용자가 각자의 이성적 판단에 기초하여 최종적으로 받아들여져야만 안정적으로 재생산될 수 있다. 사구치도 제2차 세계대전기의 국가에 의한 노동자와 사용자의 강력한 통합의 역사적 전제로, 제1차 세계대전 이후 사용자가 노동운동의 고양에 대응하는 과정에서 일본의 협조적 노사관계가 형성되기 시작했다는 점을 인정하고 있다. 그렇지만 그는 결정적으로는 제2차 세계대전기에 노동조합 활동이 금지되어 집단적 노사관계가 부재했지만 블루칼라, 화이트칼라, 심지어는 사용자까지 하나의 조직으로 구성한 국가에 의한 '산업보국체제' 하에 블루칼라가 화이트칼라와 사용자로부터 인격적 대우를 받았던 역사적 경험이 노동자의 국가에의 무매개적 의존을 심화시켰다고 한다. 따라서 그는 이러한 제2차 세계대전기의 총력전체제가 아이러니하게도 전후 일본 노사관계의 형성에 결정적인 영향을 미쳤다고 주장하는 것이다. 이러한 야마노우치와 사구치의 주장과 분석은 일본의 산업민주주의 형성 과정을 분석할 때 유용할 것인가? 여기에서 두 가지 논점, 즉 다른 나라에서는 발견하기 어려운 직원(white collar)과 직공(blue collar)으로 구성되는 일본 혼합노동조합의 역사적 기원과 일본 노동운동의 핵심 논리로서의 생활보장 요구의 역사적 기원에 관한 논의에 초점을 맞추어 설명하고자 한다.

첫째, 제2차 세계대전기에 실질적으로도 직공과 직원, 그리고 경영자 신분의 경계가 불분명해지고 공적인 행위와 개인적 행위가 상호침투되었다고 평가할 수 있을까? 제2차 세계대전 총력전체제에서 일본의 직공이 직공과 신분이 엄격하게 구분되어 있었던 직원은 물론 경영자조차도 함께 편성된 조직에 참여하여 '강제적 균질화'가 진행된 것은 사실이다. 그렇지만 본서에서 중점적으로 분석하는 부흥기의 일본 노사정관계를 살펴보면 전체적으로 강제적 균질화가 진행되었다고 평가하기는 힘들다. 즉, 부흥기에 다른 나라에서는 보기 힘든 직원과 공원의 혼합노동조합이 탄생했던 역사적 기원을 총력전체제에서의 직원과 공원의 동일 조직체계의 경험으로 설명하는 것은 일정 부분 타당성이 있어 보이지만, 그것으로 패전 직후 혼합노동조합의 형성을 설명하기에는 개연성이 낮다. 패전 직후 일본 노동운동의 고양 과정에서 직공에 비해 상대적으로 높은 학력을 보유하고 고연령이었던 직원이 경영자도 납득할 수 있는 대표로서 리더십을 발휘했고, 직공도 전략적으로 직원을 자신들의 대표로 선택하는 과정에서 혼합노동조합이 형성된 것이었다.

둘째, 일본 노동자의 생활보장 논리가 제2차 세계대전 총력전체제에서 국가에 대해 능동적으로 기여한 대가로 생활을 보장받았던 경험에 의해 결정적으로 형성되었다고 평가할 수 있을까? 일본 노동운동에서의 생활보장 논리는 본서에서 살펴보듯이 제2차 세계대전 이전부터 발견할 수 있고, 패전 직후 부흥기 노사관계가 위기에 직면했을 때 강력하게 제기되었으며, 1950-60년대 노동자의 양보에 의해 생활보장의 논리가 약화되었으며, 1970-80년대에는 사회보장제도의 발전의 영향에도 힘입어 생활보장의 논리는 변화하였다. 따라서 본서는 총력전체제이었다 하더라도 제2차 세계대전 시기의 노사의 경험이 일본 노사관계에 결정적인 변화를 초래했다고 판단하지 않는다. 따라서 본서는 제2차 세계대전기보다는 사용자가 노동운동 고양에 대응하는 과정에서 노사가 처음으로 각자의 입장에 기초하여 이성적으로 협의하기 시작한 제1차 세계대전 이후부터 제2차 세계대전 발발 이전까지의 시기를 부흥기 노사관계 형성의 역사적 전제로 인식하고 있는 것이다.

본서는 이상과 같이 현대일본 사회 또는 현대일본 노사관계의 역사적 기원을 총력전으로서의 제2차 세계대전 기간에 각 구성원의 균질화에서 찾고 있는 최근의 일본 현대사와 일본 노사관계론의 논의와는 달리, 부흥기에 노동자가 노사관계의 파트너로서 법적으로 인정받고 실질적으로도 인정받기 시작한 점을 주목하고 있다. 본서는 산업민주주의가 실현된 현대노사관계를 사용자와 노동자가 이성에 기초한 협의를 통해 서로 이해하여 신뢰를 구축하고 타당한 요구를 제기하여 상호존중을 바탕으로 사회적 합의를 제도화하고 일상적으로 활용하는 관계로 규정한다. 또한 본서는 일본의 특수성에 주목하기보다는 사회적 합의라는 보편적 가치가 일본 고유의 사회문화의 배경과 경제발전 과정에서 서양과 유사하면서도 어떻게 다르게 실현되었는가에 주목하고 있다.

6. 본서의 구성

본서는 구조조정 과정을 분석하면 실질적 사회적 합의의 실현 과정이 가장 명확하게 드러날 수 있다고 판단하여 다음과 같이 분석하려 한다.

첫째, 구조조정(고용조정)의 법적 규제 수준과 실제 시행될 때의 차이를 국제비교하여 일본의 실질적 사회적 합의의 강한 규제력을 확인한다. 또한 고용, 임금, 노동쟁의의 지표를 시계열적으로 살펴보아 대규모의 구조조정이 시행되었던 시기는 언제였고, 보상 수준은 어떻게 변화하였으며, 노사협의는 어떠한 시행착오를 거쳤는가에 대해 파악한다.

둘째, 사회적 합의를 성립시키고 지속적으로 활용하는데 결정적인 역할을 하는 사용자의 노사관계에 대한 인식과 실천에 대해 살펴본다. 또한 전전에 일본 노사관계를 지배했던 논리로 알려져 있는 온정주의(경영가족주의)를 시행했던 대표적 기업의 사례에 대해 그 내용과 한계, 그리고 그 대안으로서의 인격존중주의에 대해 살펴본다.

셋째, 패전 직후 급격한 생산 축소와 대량의 과잉노동력 발생으로 초래된 일본 노사관계의 위기와 그 위기를 극복하는 과정에서 새롭게 경험한 노사정 합의 과정에 대해 고찰한다. 노사관계를 존중하며 적절히 개입하여 노사협의의 효과를 높였던 정부정책과 그 정책에 대한 사용자단체와 노동자단체의 입장, 그리고 당시 구조조정의 실태를 실질적 대상과 기준을 중심으로 살펴본다. 또한 이러한 구조조정과 실질적 사회적 합의 과정에 대해 당시의 대표적인 기업사례를 통해 상세히 살펴본다.

넷째, 위기를 극복하는 과정에서 경험한 사회적 합의가 노동사의 양보와 제도화를 통해 정착되는 과정을 고찰한다. 즉, 부흥기 구조조정의 남겨진 과제인 조직개편 과정에서 생활보장 논리를 약화시키는 새로운 임금체계와 노동강화를 초래했지만 작업의 유연성을 유지하게 했던 직무변경 및 직무응원의 실태와 효과에 대해 살펴본다. 또한 석유위기기의 구조조정에 따른 사회적 합의의 제도화 과정과 구조조정의 실질적 대상과 기준에 대해 부흥기와 비교하며 살펴본다.

제 I 부

일본 노사정관계의 좌표

제1장

일본 노사정관계의 좌표

1. 국제비교: 고용조정의 법적 제도와 실질적 제도(2003)
2. 시계열지표: 고용, 임금, 노동쟁의 (1910-2010)

제1장

일본 노사정관계의 좌표

1. 국제비교: 고용조정의 법적 제도와 실질적 제도(2003)

일본 노사관계는 법적 제도와 실질적 제도 중에서 어느 쪽의 규제를 더 강하게 받을까?

노동시장의 법적 규제지수, 즉 고용계약, 근로조건, 고용보장에 관한 법적 규제 정도를 조사하면 일본은 미국과 비교하여 엄격한 수준이고 한국과는 비슷한 수준이다([그림 1-1]). 그렇지만 잉여고용량(현재고용량-최적고용량)의 당해 연도의 조정량을 기준으로 실질적인 고용조정 속도를 측정해 보면, 일본은 미국과 비교하여 느린 편이고 한국과 비교하면 상당히 느리다고 평가할 수 있다([그림 1-2]). 즉, 일본의 노동자는 법적 규제를 상회하는 수준에서 실질적으로 고용이 보장되고 있다고 말할 수 있는 것이다. 한편, 미국의 경우 법적 규제 수준은 한국보다 훨씬 낮지만 실제 고용조정 속도는 한국보다 느려 미국의 노동자가 한국의 노동자보다 실질적으로 고용이 보장되고 있다고 할 수 있다. 즉, 일본과 미국은 한국과 비교하여 법적 규제 수준보다 실질적 고용보장 수준이 높다. 독일의 실질적 고용보장 수준은 일본과 비슷하고, 프랑스의 실질적 고용보장 수준은 전 국가 중에서 가장 높은 수준이다. 그리고 영국의 실질적 고용보장 수준은 미국보다 낮은 수준이다. 그럼에도 불구하고 독일, 프랑스, 영국 모두 법적

[그림 1-1] 노동시장 규제의 국제비교(2003)

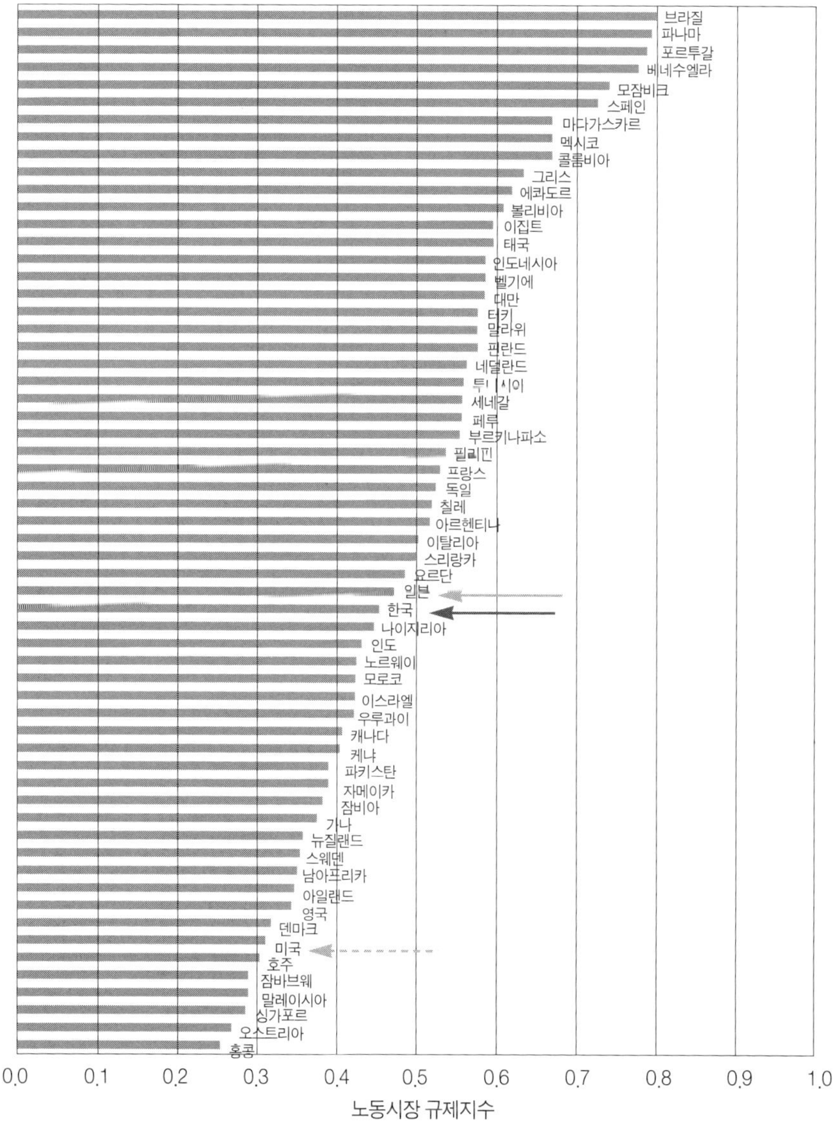

자료: 이인재 · 이연정(2005).

[그림 1-2] 고용조정 속도의 국제비교(2003)

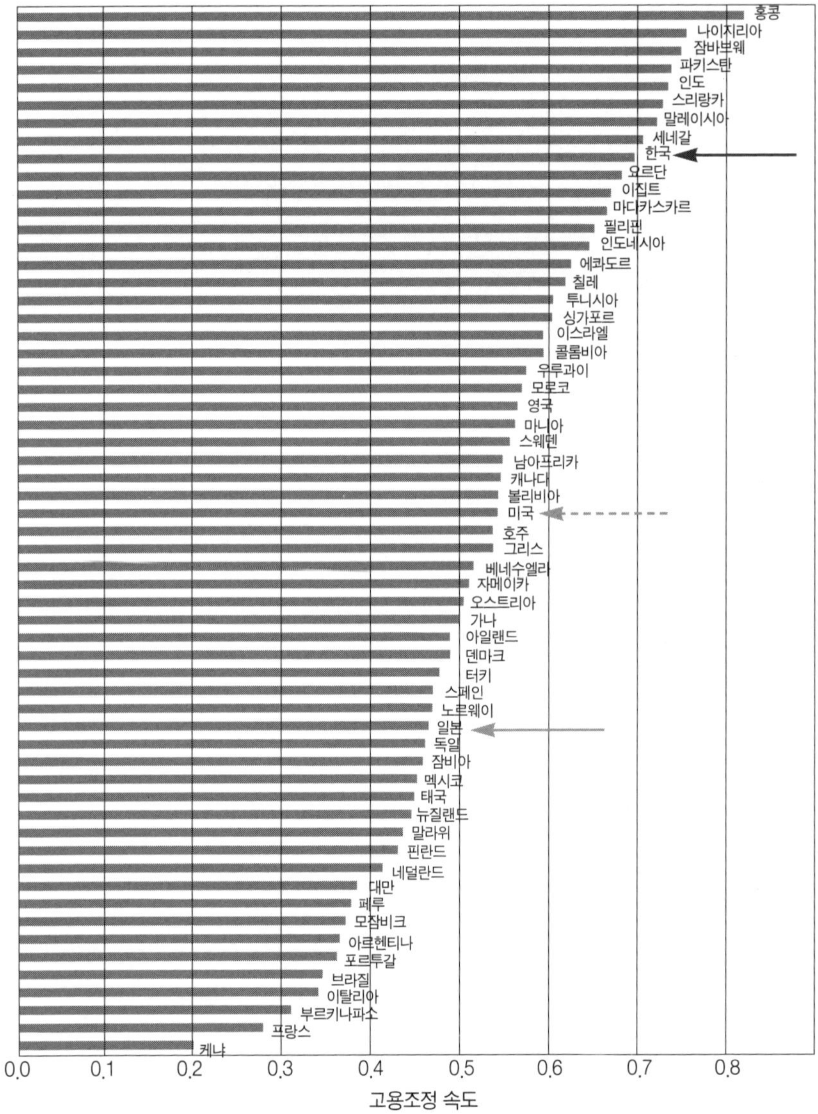

자료: 이인재 · 이연정(2005).

규제 수준보다 실질적 고용보장 수준이 높다는 점에서 일본과 같고 한국과는 반대이다.

이상과 같이 법적 규제 수준과는 달리 다른 나라에 비해 법적 규제를 넘어서는 수준으로 실질적 고용이 보장되는 일본의 고용관행은 사회적 인식을 반영한 것이기도 하다. '종신고용'을 가능하면 유지하려는 회사가 1990년대 후반(1997-99) 현재 60%를 넘고 있다. 더욱이 주목할 만한 사실은 석유파동 불황 이후 최대 불황기였던 1998년 및 1999년에 '종신고용'을 유지하려는 회사가 늘고 있다는 점이다.

그렇지만 일본도 이른바 '노동시장 유연화'의 흐름을 거역하지는 못하고 있다. 고용을 확대했던 고도성장기에서 안정성장기로 진입한 1970년대부터 정규직 비율이 줄고 있는 반면에 비정규직 비율이 늘어나고 있다. 그렇다면 어떻게 이러한 장기안정고용을 유지하면서도 노동시장의 유연화는 진행될 수 있을까?

장기안정고용을 유지할 수 있도록 보완하는 가장 기본적인 제도로는 정년제가 있다. 정년제는 아무런 거부감 없이 고용을 보장하는 제도로 받아들여지고 있으나, 실제로는 사회적 관행으로 정착된 연령을 기준으로 한 비자발적 퇴직제도이다. 일본의 정년제는 1920년대에 관영기업과 민간대기업 일부에 도입되어 전후 고도성장기에 대기업에 보급되어 정착되었고, 중소기업에도 점차 확대되었다. 1970년대 안정성장기에 진입하면서 대부분의 기업에서 정년제를 시행하게 되었다. 또한 평균수명 연장에 따라 60세 이상을 정년으로 채택하는 기업이 급격히 늘어나 2005년에는 대부분의 기업이 채택하고 있다. 이러한 추세는 후생연금 지급개시 연령이 60세에서 2001년부터 단계적으로 65세로 연장되기 시작하여 60대 전반의 고용을 기업이 책임지는 방향으로 나아간 결과이기도 하다. 이러한 추세는 2006년에 시행하기 시작한 '고령자고용안정법'에 의해 가속화되었다.

정년제가 일본 기업의 장기안정고용 관행을 보완하는 연령에 기초한 강제퇴직제도라고 한다면, 구조조정제도는 일부에 한정되지만 장기안정고용을 유지하려고 불황기 때마다 시행된 제도였던 것이다.

2. 시계열지표: 고용, 임금, 노동쟁의(1910-2010)

법적 제도보다 일본 노사관계를 강하게 규제하였던 실질적 제도는 고용량의 변화, 즉 노동력 수급의 변화, 임금의 변화, 노동쟁의의 발생 정도에 의해 형성되고 변화하였다.

첫째, 총제조업 종업자의 추이를 통해 고용의 장기시계열 변화를 살펴보고자 한다. 총제조업자 수는 제1차 세계대전 후 정체하다가 세계대공황의 영향을 받은 1930년대 전반에 감소했다([그림 1-3]). 한편, 일본은 영국, 독일, 미국, 프랑스 등 다른 선진국보다 단기간에 대공황의 충격에서 벗어난 결과, 1932년부터 고용량이 증가하기 시작하여 1930년대 중반 이후에는 급격하게 증가했다(Cha, 2003: 128-9).

총고용량은 패전한 해인 1945년에 생산설비의 급격한 축소에 따라 급감한 뒤 식민지 등 해외로부터의 귀환자 유입으로 증가했다. 이후 총고용량은 1949년에 급격히 감소한 뒤 1970년대 전반까지 계속하여 증가한다. 1970년대 중반과 후반에 석유위기의 영향으로 감소 또는 정체하나 1980년대에는 다시 증가한 뒤 1991년을 기점으로 계속하여 감소하게 된다. 본서는 이상에서 살펴본 가운데 경기침체기인 1920년대와 세계대공황기의 1930년대 전반, 제2차 세계대전 패전 직후인 1940년대 후반, 그리고 1970년대의 석유위기기에 시행된 구조

[그림 1-3] 제조업 종업자 추이(1919-2002)

(단위: 천 명, %)

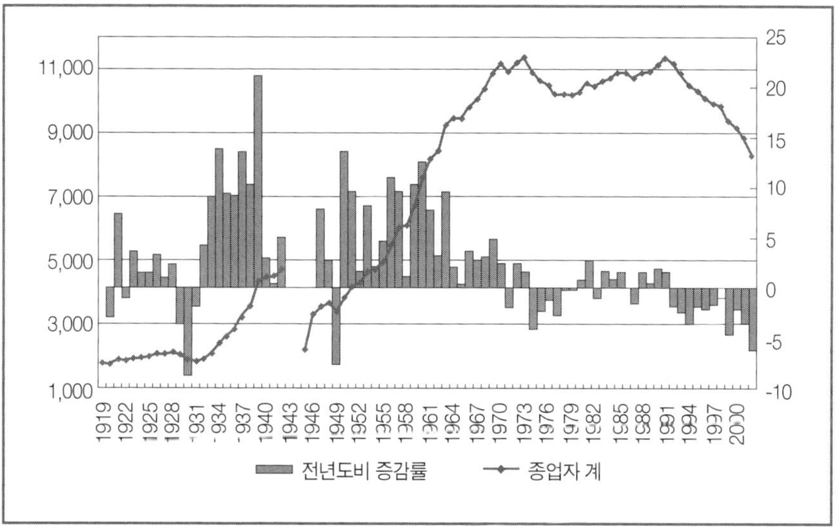

주: 1919-47년(5인 이상), 1948-2002(5인 이상).
자료: 通産省(1961); 日本の長期統計系列(http://www.stat.go.jp/data/chouki/index.htm).

조정과 그에 따른 노사정관계의 변화에 대해 분석하려는 것이다.

둘째, 노동자에 대한 보상으로 가장 기본적인 지표인 임금의 시계열 변화에 대해 살펴보기로 한다. 전간기 제조업의 실질임금은 제1차 세계대전 직후의 불황, 1923년의 관동대지진, 1927년의 금융공황으로 연속적인 불황기였던 1920년대에 상승했고, 중화학공업을 중심으로 호황을 누렸던 1930년대에 오히려 하락하고 있었던 점이 특이하다([그림 1-4]). 1930년대에 실질임금이 하락했던 이유는 1932년까지는 세계대공황과 금본위제도 이탈했을 때의 환율 수준으로 복귀하여 대외경쟁력이 저하했기 때문이었다. 1933년 이후에는 대외경쟁력 저하와 국내경기 침체에 대응한 긴축정책의 영향에 의한 것이었다. 이후 경기회복

[그림 1-4] 전간기 제조업 임금지수(1934-36=100, 1910-39)

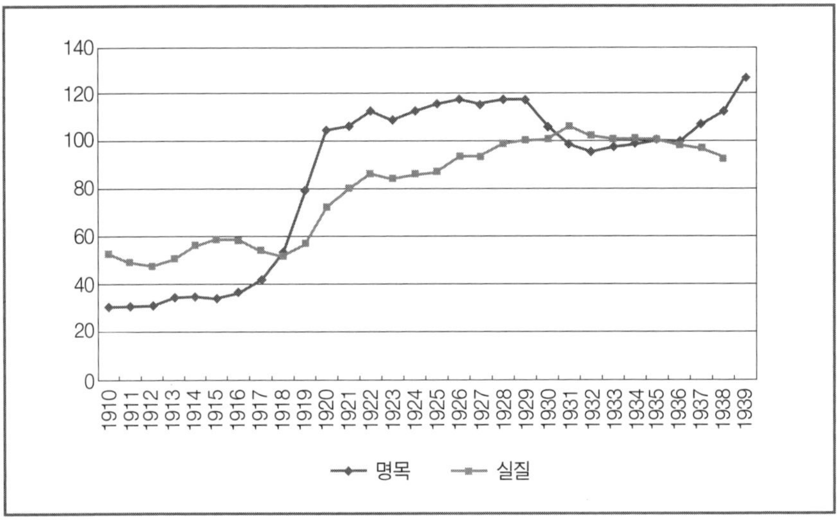

주: 직종별 임금(A계열).
자료: 大川一司他 編(1976).

[그림 1-5] 전후 제조업 임금지수(2000=100, 1952-2004)

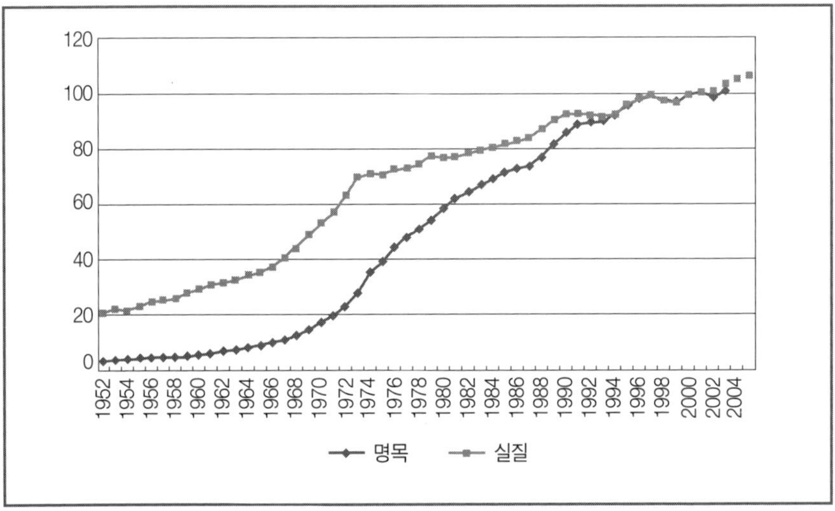

자료: 厚生勞動省, 毎月勤勞統計調査, 각 연도.

[그림 1-6] 전간기 노동쟁의(1913-41)

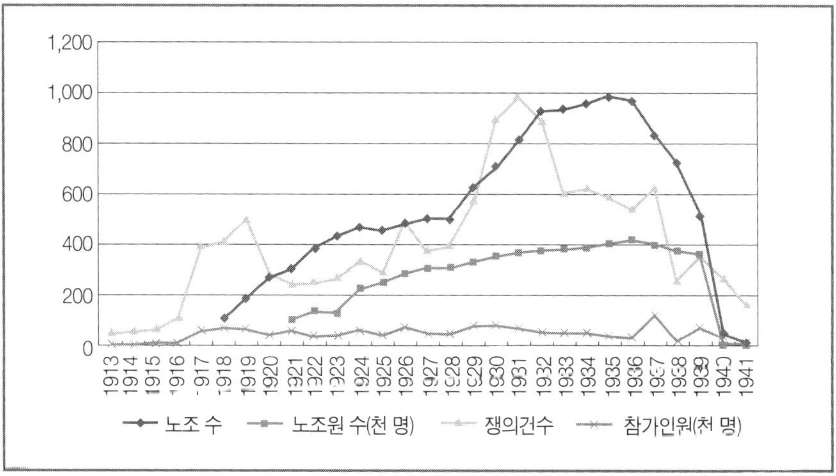

자료: 中村隆英(1993), 101.

으로 실질임금이 상승할 기회가 있었으나 1936년 젊은 엘리트 장교들의 쿠데타에 힘입은 육군의 정치 장악, 중일전쟁 등으로 그 기회를 활용할 기회를 잃어버렸다.

전후 제조업의 실질임금은 파악이 가능한 1950년대 전반부터 1960년대 중반까지 완만하게 상승하다가 이후 57개월간이라는 일본 경제의 최장기 호황의 영향으로 급격하게 상승했다(原朗, 1994: 157)([그림 1-5]). 1973년 이후에는 석유위기기이었음에도 불구하고 완만하게 상승하다가 거품경제의 영향으로 1980년대 중반에 상승했다. 그렇지만 거품경제가 붕괴된 직후의 1990년대 전반과 1997-98년에는 하락할 수밖에 없었다. 이러한 제조업 임금지수의 동향은 거품경제 붕괴 이전까지의 총종업자 수의 동향과도 일치한다([그림 1-3]). 이렇듯 전후 제조업의 실질임금지수는 전전의 양상과는 달리 거품경제가 붕괴되는 시기까지

[그림 1-7] 전후 노동쟁의(1945-2010)

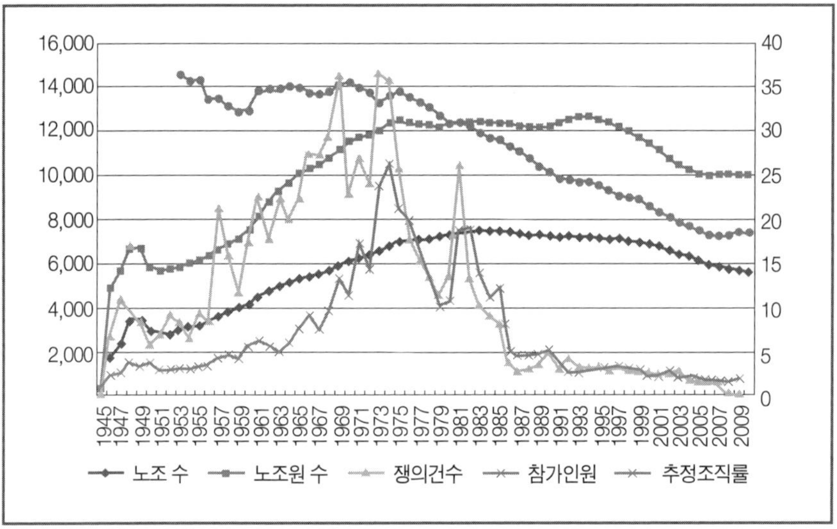

주: 노조 수(10개), 노조원 수(천 명), 참가인원(천 명), 조직률(%).
자료: 厚生勞動省, 勞動組合基礎調査, 각 연노; 厚生勞動省, 勞動爭議統計調査, 각 연도.

하락한 적이 없었던 점이 주목할 만하다.

셋째, 사회적 합의 정도를 확인할 수 있는 노동쟁의의 시계열 변화에 대해 살펴보기로 한다. 전간기의 노동운동은 노조 수를 기준으로 살펴보면, 금융공황 발생 직후인 1928년부터 급증하여 경기를 회복하기 시작하는 1933년부터 완만하게 증가하다 중일전쟁 이후 급격하게 감소한 후 1940년에는 소멸하게 된다. 쇼와공황 전후의 노조설립 실태를 제3장에서 살펴본다([그림 1-6]). 한편, 쟁의건수를 기준으로 살펴보면 제1차 세계대전 후 호황기와 불황기에 급증했고 세계대공황과 쇼와공황이 발생한 1929년과 1930년에 폭발적으로 증가한 뒤에 1932년 이후 감소했다. 이렇듯 불황기, 특히 쇼와공황기에 노사관계의 위기가 뚜렷하게 대두되고 있었던 것이다. 이와는 달리 제1차 세계대전 불황기 이후의 고양된 1920년대의 노동운동은 사용자의 노사관계에 대한 인식을 변화시켰다. 즉, 사용자는 노동자 대표와의 협의 필요성을 인식하고 노동자의 대우, 복리후생, 작업방식의 개선 등을 사용자와 직접 논의하는 공장위원회의 설치를 확대시켰다. 그렇지만 제2장과 제3장에서 살펴보듯이 제2차 세계대전 전의 일본 사용자는 노동자 대표를 협의의 파트너로까지는 인식하지 못했다. 일본의 노동운동은 1930년대 중반 이후 전시체제에 돌입하면서 노조 및 공장위원회가 산업보국회로 통합되면서 급격하게 침체되었던 것이다.

전후 노동운동은 1945년 노동조합법 제정 이후 폭발적으로 고양되었으나 석유위기를 계기로 안정경제성장에 진입한 1970년대 전반 이후 침체하게 된다([그림 1-7]). 다만 노조 수는 1980년대 중반 이후 서서히 감소하고 노조원 수는 1990년대 전반 약간 증가한 뒤 노조 수와 비교하여 급격하게 감소한다. 또한 1970년대 전반의 제1차 석유위기기까지 다수의 노동자가 쟁의에 참가한 반면, 그 이후 특히 노동운동이 고양되었던 제2차 석유위기기에는 이전 시기보다 소수의 노동자가 쟁의에 참가한 점이 주목할 만하다.

이상에서 특이할 만한 점은 1920년대 불황의 연속으로 제조업의 고용이 정체되었음에도 불구하고 노동운동 고양의 영향으로 제조업의 실질임금은 꾸준히 증가했다는 점이다. 여기서 노동운동이 1920년대에 전반적으로 고양되었음에도 불구하고 쟁의건수당 참가인원은 1921년을 정점으로 1936년까지 계속해서 줄어들어 노동운동의 기반이 약화되어 갔다는 점도 유의할 필요가 있다. 전후에는 제조업 고용의 확대와 노동운동의 고양에 힘입어 제조업의 실질임금이 지속적으로 상승했고 당시 전후 최장기간의 호황기(1965년 10월부터 70년 7월까지 57개월)에는 급격하게 상승했다. 그렇지만 여기에서도 쟁의건수당 참가인원은 1957년을 정점으로 이후 정체하다가 1967년 이후에는 급감하여 노동운동이 외견상 1970년대 전반까지 고양되었던 것과는 달리 이미 그 이전 시기부터 기반

이 약화된 점에 유의할 필요가 있다. 즉, 이러한 노동운동의 기반 약화는 구조조정 과정에서 노사정의 사회적 합의를 촉진시켰을 것으로 예상된다.

제 II 부

노사정 합의의 전제: 온정과 인격존중, 1890-1945

제2장

사용자의 노사관계관

1. 일본의 사용자
2. 법적 제도: 정의(情誼)와 권리
3. 실질적 제도: 온정과 인격존중
4. 전후 노사정관계의 전제

제2장

사용자의 노사관계관

일본에서 실질적인 사회적 합의가 형성될 수 있었던 배경으로 사용자의 노사관계에 대한 인식 변화를 논의하지 않고는 설명하기 어렵다. 비록 전전에는 노동조합법이 제정되지 않아 노동자 대표가 사용자와의 협의 파트너로서 공인되지는 않았고 실질적으로도 사회적 합의가 정착되었다고 할 수는 없지만, 협의 파트너로서 초보적 학습을 했던 시기라고 할 수 있다. 이러한 상황은 뉴딜 노동정책이 전개되기 전의 미국과 유사했나.

1. 일본의 사용자

1) 미국과의 비교

미국의 링컨전기(Lincoln Electric)는 2010년 현재까지 60여 년간 정규직을 해고하지 않았다(Koller, 2010). 세계대공황기에는 '신인센티브 시스템'(New Incentive System)을 적용하여 생산성을 향상시키고 보너스도 지급하였다(Koller, 2010: 30). 이러한 링컨전기의 인사정책 원칙은 형 John C. Lincoln과 함께 링컨전기의 공동설립자인 동생 James F. Lincoln의 저술 *'Lincoln's Incentive System'*(1946)에서 확인할 수 있다. 즉, 그 원칙은 첫째 '열린 대화창구', 둘째 '생산량 기준 임금 지불', 셋째 '성과 기준 보너스 지불', 넷째 '고용보장'이었다. 이 원칙은 고유한 직무는 보장하지만 고용을 보장하지 않는 미국 기업과 달리, 고용은 보장하지만 고유 직무는 보장하지 않는 일본 기업의 인사정책 원칙과 유사하다(Koller, 2010: 112).

고용을 보장하는 미국 기업의 인사정책은 링컨전기의 고유한 원칙만은 아니었다. 미국의 로버트 오웬(Robert Owen)이라 할 수 있는 넬슨(N. O. Nelson)은 공장을 중심으로 생활협동조합을 실현(1890-1934)하며 고용보장 인사정책을 지향하였다(Reinhardt, 2010: 7-9). 넬슨 자신이 종업원에 의해 선출되었던 것은 아니지만 이러한 인사정책을 '산업민주주의'(Industrial Democracy)의 일환이라고 하였다(Derber, 1970: 63-4). 이와 같이 미국의 사용자는 사회적 합의 과정에 수동적으로 참여했던 것이 아니라 적극적으로 참여했던 것이다(Tone, 1997). 특히, 뉴딜 시기의 노동정책에 의해 미국의 사회적 합의 기반이 마련되었다는 기존 연구와는 달리 Eastman Kodak, Sears Roebuck, Thompson Products의 사례를 중심으로 그 이전 시기부터 사용자의 주도하에 사회적 합의 기반을 만들어 왔고, 그 기반 위에 뉴딜정책이 효과를 발휘할 수 있었다는 연구가 주목할 만하다(Jacoby, 1997).

2) 일본의 사용자

이상과 같이 미국의 사회적 합의는 사용자의 적극적인 참여에 의해 형성될 수 있었는데 일본의 경우도 예외는 아니었다. 먼저 산업화 초기부터 고도성장기까지 일본의 사회적 합의에 큰 영향을 미쳤던 대표적인 사용자들의 활동을 정리해 보았다([표 2-1]).

첫째, 선정된 대표적 사용자들을 전문경영인과 오너경영인으로 나눌 수

[표 2-1] 일본 사용자와 노사관계(1847-1978)

	학력	주요 경력	노사관계
쇼다 헤이고로 (莊田平五郎) 1847-1922	게이오의숙 (현 게이오대)	미츠비시상회(三菱商會) 중역/동경해상보험 설립/일본우선(日本郵船) 이사/메이지(明治) 화재 중역/미츠비시합자회사 지배인/미츠비시조선소 지배인/메이지생명 회상	고용인부조법(傭使人扶助法) 직공구호법/공업예비교 설립
사쿠마 테이이치 (佐久間貞一) 1848-98		교부성(教部省, 현 문부과학성) 입성/북해도 개척/슈에샤(秀英舍, 현 大日本印刷) 설립	도제학교 개설/8시간노동제 실시/ 노동조합기성회(期成會)(일본 최초 노동단체) 평의원/상업회의소 공장법심의위원회 위원
아사부키 에이지 (朝吹英二) 1849-1918	게이오의숙	미츠비시상회 지배인/가네보(鐘淵紡績) 전무/미츠이의류점(三井吳服店, 현 미츠코시三越 백화점) 전무/가네보 상담역/오지제지 회장/미츠이합명회사/미츠이은행 감사/미츠이물산 중역	공장조례비제정담(工場條例非制定談)
마츠카타 고지로 (松方幸次郎) 1865-1950	도쿄대 예일대 소르본느대	마츠카타 마사요시(松方正義, 일본은행 설립/대장성 장관 역임) 수상 비서/오슈사(五州社) 경영/가와사키(川崎)조선소 사장/철강해금동맹 대표/일소(日ソ)석유회사 조직/ 중의원 의원	8시간노동제 실시(조선업 최초)
무토 산지 (武藤山治) 1868-1934	게이오의숙 미국 유학	광고대리점 개업/Illies상회(독일계 무역회사) 입사/가네보 지배인/『방적대합동론』 저술/가네보 사장/실업동지회 창립/중의원 의원/시사신보사(時事新報社) 경영	미국 담배공장 직공/가네보공제조합 설립/제1회 국제노동회의(ILO) 일본 대표/우리나라 노동 문제해결법

[표 2-1] 계속

	학력	주요 경력	노사관계
후지와라 긴지로 (藤原銀次郎) 1869-1960	게이오의숙	마츠에일보(松江日報) 기자/미츠이은행 출장소장/토미오카 제사소(富岡製糸場, 일본 최초 기계제사공장) 지배인/오지제지 지배인/미츠이물산 상해 지점 차장/미츠이 물산 대만 지점장/오지제지 사장/대오지제지(大王子製紙/오지(王子), 후지(富士) 카리후토(樺太)공업 합병) 설립/상공대신	노동조합법안 수정의견/ 후지와라공업대학 설립
오하라 마고사부로 (大原孫三郎) 1880 1943	도쿄전문학교 (현 와세다대)	구라시키(倉敷)방적 사장/쿠라시키은행장/쿠라시키전등 사장/오카야마 합동저축은행장/중국(일본중국지역)신탁 회장/쿠라시키 상공회의소 초대 소장	쿠라시키상업보습학교 설립 오카야마(岡山)고아원장/오하라사회문제연구소 설립/쿠라시키노동과학연구소 설립/쿠라시키 중앙병원 설립
이시자카 타이조 (石坂泰三) 1886-1975	도쿄대	체신성(遞信省) 입성/다이이치생명 지배인/사장/도시바(東芝) 사장/경단련(經濟團體連合會) 회장/아라비아석유 회장/일본원자력사업 회장/일본 만국박람회협회장/ 경단련 회장 6선	도시바 대쟁의 당시 사장
미무라 키이치 (三村起一) 1887-1972	도쿄대	스미토모(住友) 입사/스미토모 신도조(神銅戸) (현 스미토모 금속) 입사/스미토모벳시(別子)광업소장/스미토모광업 사장/카모가와(鴨川)화학공업 사장/일본야금(冶金) 사장/석유자원개발 총재	노사문제연구 구미 출장/포드자동차 직공/스미토모벳시광업소 해독가스 문제 해결

[표 2-1] 계속

	학력	주요 경력	노사관계
마에다 하지메 (前田一) 1895-1978	도쿄대	북해도탄광기선 입사/지점장/중역/일본석탄광업연맹 상임이사/일본단체생명보험 중역	제12회 국제노동회의 대표/북해도탄광본부 노무부장/중앙노동위원회 위원/일경련 전무이사/중앙노동재해방지협회 이사장
오츠카 반조 (大塚萬丈) 1896-1950	도쿄대	노무라(野村)은행 입행/이화학흥업(理化學興業) 지배인/전무/일본제철 중역/일본특수강관 사장	경제동우회 설립/기업민주화 시안(試案)

자료: 間宏 編(1970).

있다. 전문경영인은 쇼다 헤이고로(莊田平五郎, 1847-1922), 아사부키 에이지(朝吹英二, 1849-1918), 마츠카타 고지로(松方幸次郎, 1865-1950), 무토 산지(武藤山治, 1868-1934), 후지와라 긴지로(藤原銀次郎, 1869-1960), 이시자카 타이조(石坂泰三, 1886-1975), 미무라 키이치(三村起一, 1887-1972), 마에다 하지메(前田一, 1895-1978), 오츠카 반조(大塚萬丈, 1896-1950)에 해당된다. 쇼다와 아사부키는 미츠비시 재벌계, 무토와 후지와라는 미츠이 재벌계 각 기업의 최고경영을 책임졌다. 이들은 재벌계의 최고경영인임에도 불구하고 자신의 경영철학을 관철시켰다는 점이 매우 신선하다. 오너경영인은 사쿠마 테이이치(佐久間貞一, 1848-98), 오하라 마고사부로(大原孫三郎, 1880-1943)에 해당된다. 사쿠마와 오하라는 오너경영인이라 독자적인 경영철학을 보다 용이하게 관철시킬 수 있는 조건을 갖추고 있었다.

둘째, 대표적 사용자들은 노사관계 관련 사회활동에 적극적으로 참여하고 노동자를 직접 체험하였다. 사쿠마는 일본 최초의 노동법인 공장법 제정을 위해 헌신하였고, 무토는 미국 유학시절에 담배공장 직공을 경험하고 제1회 국제노동회의(ILO) 일본 대표를 역임하였다. 미무라는 노사 문제의 연구를 위해 구미 출장을 단행함과 더불어 미국 포드자동차 직공을 경험하였고, 마에다는 제12회 국제노동회의 일본 대표와 한국의 경영자총협회에 해당하는 닛케이렌(日本經營者團體連盟) 초기 시기의 운영을 이끌었다.

셋째, 사용자들은 교육훈련시설 설립과 기업민주화를 위해 노력하였다. 쇼다, 사쿠마, 오하라는 스스로 교육훈련시설을 설립하였다. 또한 오츠카는 경영인 개인 자격으로 구성되는 경제동우회를 주도적으로 설립한 뒤 '기업민주화연구회'의 위원장이 되어 기업의 최고의사결정 기관으로서 경영, 자본, 노동 3자 대표로 구성되는 '기업총회'를 설치하고 기업이윤에 대해 3자가 대등한 권리를 가진다는 '수정자본주의 구상'(기업민주화 시안)을 제시하였다.

이하에서는 일본 최초의 노동법인 공장법 제정을 둘러싼 아사부키와 사쿠마의 노사관계관, 그리고 일본 경영가족주의의 기반을 형성한 무토와 노사 대등의 이상향을 만들고자 했던 오하라의 노사관계관에 대해 살펴보고자 한다.

2. 법적 제도: 정의(情誼)와 권리

1) 공장법 제정 과정과 경제단체의 견해

일본 공장법 제정 과정에서의 관료와 사용자와의 논의는 기존의 '주종(主從)의 정의'(情誼)에 기초한 노사관계를 재고하는 계기를 마련하였다. 여기에서 '주종의 정의'란 노동자와 사용자 간의 관계가 권리와 의무에 기초하여 운영하는 것이 아니라 사용자는 노동자를 보살펴주고 노동자는 그에 대한 보답을 하는 '의리'(義理)에 기초하여 운영해야 한다는 주장의 기본 철학이다.

일본 공장법의 제정은 대부분의 사용자에 의해 강한 반대에 부딪혔지만

공장법 제정 과정 비교(영국, 일본, 한국)

1784 (영) 의사 토머스 퍼시벌(Thomas Percival), 맨체스터(Manchester) 래드클리프(Radclffe) 소재 면공장에서 전염병 실태조사
1802 (영) 도제의 건강 및 덕성보호법(An Act for the preservation of the Health and Morals of Apprentices and Others, employed in cotton and other mills, and cotton and other factories) 공포
1833 (영) 대영제국 공장 아동 및 연소자의 노동 규제법(An Act to regulate the Labour of Children and Young Persons in the Mills and Factories of tho United Kingdom) 공포
1847 (영) 공장 연소자 노동시간 제한법(An Act to limit the Hours of Labour of Young Persons and Females in Factories) 공포
1881 (일) 야마구치현, 직공모집단속규칙 공포
1881 (일) 농상무성, 노동조사 실시
1911 (일) 공장법 공포
1922 (한) 경기도, 직공단속규칙 제정
1922 (한) 총독부내무국사회과, 노동조사 실시
1923 (일) 개정 공장법 공포
1939 (일)(한) 공장취업시간제한령 시행
1943 (일)(한) 공장취업시간제한령 폐지

영국의 면공장주였던 로버트 필(Robert Peel)은 의사 토머스 퍼시벌의 제안을 받아 영국에서 공장운영에 관한 첫 제3자 개입(국가규제)의 사례였던 「도제의 건강 및 덕성보호법」을 발의하여 1802년에 제정하였다. 1833년 공장법의 주요 내용은 9세 미만 아동노동 금지, 18세 미만 연소자 야간 및 하루 12시간 이상 작업 금지, 아동의 학교교육, 감독관제 시행이었다. 시간단축 운동의 결과로 1847년 공장법은 18세 미만 연소자뿐만 아니라 여성 성인노동자에게도 10시간 이하의 노동을 명시하고 있다.

영국과 달리 일본의 공장법은 관료에 의해 주도되어 농상무성이 노동조사에 기초한 법안을 재계의 의견을 반영하여 발의하는 형태로 진행되었다. 1911년에 공포된 일본의 공장법은 11세 미만 아동노동 금지, 16세 미만 연소자 및 16세 이상 여성의 야간 및 하루 12시간 이상 작업금지가 주요한 내용이었다.

식민지 지배하에 있었던 한국의 경우에는 제한적인 노동조사를 시행했고 공장법 적용 논의가 진행되었지만 불발에 그쳤다. 중일전쟁 이후 1939년에 노동력 동원의 목적으로 일본과 식민지조선에 16세 이상의 여성과 남성 모두에게 12시간 이상 작업금지가 적용되었지만 전쟁에서 열세로 돌아선 1943년에는 그 적용이 폐지되었다.

자료: 이영석(1994); 이영석(2012), 200-6; 戶塚秀夫(1966); 宣在源(2006), 87-8.

농상공고등회의(農商工高等會議)

농상무대신(農商務大臣)의 자문회의로 각 행정기관의 수뇌부와 재계 대표 등이 참가하였다. 제1회 회의(1896. 10. 19)에서 공장법안('직공 취급 및 보호에 관한 건')이 논의되었으나 재계는 대표격이었던 시부사와 에이이치(澁澤榮一)를 비롯하여 대부분 반대하였다. 공장법안은 제3회 회의(1898)에서 전국의 상공회의소의 자문을 거쳐 의회에 제출하도록 결정되었다.

자료: 大河內一男・松尾洋(1965a), 80; 岩波書店 編(1991); 澁澤榮一記念財團情報資源 Center.

직공사정(職工事情)

일본 정부는 1900년 농상무성 상공국 공무과(工務課)에 공장조사 부서를 설치하여 공장법 입안을 준비하기 위해 공장노동자의 실태를 조사했다. 그 조사의 결과를 정리하여 1903년에 간행한 것이 『직공사정』이다. 이 자료집은 면사방적, 생사, 직물, 철공, 유리, 시멘트, 성냥 등 다양한 부문에 걸쳐 노동시간, 고용관계, 임금, 생활 상태 등에 대해 자세하게 기록되어 있어 당시의 노동자 실태를 파악하는 데 매우 유용한 것으로 현재까지도 널리 읽혀지고 있다.

자료: 大原社會問題硏究所 編(1995) 데이터베이스; 犬丸義一 교정(1998).

관료의 주도로 최종적으로 제정되었다(大原社會問題硏究所 編, 1920: 194; 社會局勞動部, 1930: 1-58; 社會局勞動部, 1935: 3; 石井寬治, 1972; 隅谷三喜男, 1977; 千本曉子, 2008; 大原社會問題硏究所 編, 『社會・勞動運動大年表』 데이터베이스). 일본의 공장법 제정 논의는 공장법의 전신이라고도 할 수 있는 야마구치(山口)현의 '직공모집단속규칙'(職工募集取締規則) 공포(1881년)와 이듬해의 농상무성에 의한 노역법(勞役法) 및 공장조례법 입안으로부터 시작되었다. 농상무성은 1896년에 제1회 농상공고등회의(農商工高等會議)를 열어 공장법 내용에 대해 자문했고, 1900년에는 공장법 제정을 염두에 두고 상공국 공무과(工務課)에 공장조사계(工場調査掛)를 설치하여 공장법 제정을 위한 기초작업으로 노동실태를 조사하였다. 이 조사는 전전의 일본 노동사정에 관한 가장 유명한 보고서로 잘 알려진 『직공사정』(1901)으로 정리되었다. 이러한 일련의 작업 후에 농상무성이 '공장법안의 요령'(要領)을 발표(1902)하였다. 그렇지만 당시의 유일의 전국적 경제단체인 '상업회의소연합회'([그림 4-1] 참조)는 시기상조론을 내세워 반대 의견을 표명했다. 이 반대 의견을 일부 받아들인 농상무성은 '심야업금지조항'의 시행을 10년 뒤로 연기하는 것 등을 포함하여 원안보다 후퇴하는 형태로 '공장법안'을 발표(1909)했다. 이러한 농상무성의 타협안도 심야 조업으로 국제경쟁력을 유지하고 있던 방적업의 반대에 직면하였다. 결국 공장법은 '심야업금지조항'을 15년 후에 적용하는 조건으로 1911년에 공포되고 1916년부터 시행되었다. 또한 1923년 6월에는 30인 이상 공장에서 10인 이상 공장으로 적용범위를 확대하는 '개정공장법'이 공포되어 공장법의 효력을 강화시키려 했다. 그렇지만 이 개정공장법은 같은 해 9월 관동대지진이 발생하여 3년간 유예되었다가 실제로는 그보다 더 늦은 1929년에 시행되었다.

이상에서 살펴본 바와 같이 일본 공장법의 제정 및 시행 과정은 장기간에 걸쳐 전개되었다. 그 과정은 관료가 주도했다고 할 수 있으나 사용자의 의견이 강하게 반영된 과정이기도 했던 것이다. 사용자가 공장법 제정에 반대한 이유는 근무시간 제한에 의해 경쟁력이 저하할 것을 우려한 것뿐만 아니라 노사관계에 대한 사용자의 이념이 공장법의 이념과 달랐기 때문이었다. 공장법 제정에 대한 사용자의 조직적 저항은 1905년에 제정된 '광업법' 제정 과정에서의 저항보다 강했다(間宏, 1981: 110-4). 농상공고등회의와 각 지역의 상공회의소가 공장법 제정에 대해 강하게 반대하고 있었지만, 각 경제단체가 모두 같은 생각은 아니었다. 오사카 상공회의소는 법안 내용이 경영실태를 반영하지 않았기에 산업발전을 저해하여 결국에는 노동조건도 저하시킬 수 있다는 의견을 갖고 있었지만, 노사관계를 조화롭게 하여 산업을 발전시킨다는 공장법의 근본 취지에는 찬성했다. 이와 같이 공장법 제정에 대한 경제단체의 의견이 일치하지 않았던 것처럼 각 사용자의 생각도 일치하지는 않았다.

2) 시기상조론과 자유방임주의: 아사부키 에이지(朝吹英二)

후쿠자와 유키치(福澤諭吉)의 영향을 받아 강한 자유주의 사상을 가지고 있었던 아사부키는 10대 후반에는 천황을 받들어 외세를 배척한다는 존황양이론(尊皇攘夷論)에 심취했기에 처음에는 후쿠자와의 사상을 배척하여 암살까지 계획했다(間宏 編, 1970: 109-21, 455-66). 그러나 그 계획은 실패로 끝났지만 그 과정에서 아사부키는 오히려 후쿠자와의 인격에 감화되어 후쿠자와의 손님을 맞이하는 '문지기'를 지냈고 그 뒤 게이오의숙(慶應義塾)출판사 주임을 지냈다. 그는 외무성 관료를 역임한 뒤에 미츠이(三井) 재벌을 개혁하고 그와 무토 산지(武藤山治)의 후견인이기도 했던 나카미가와 히코지로(中上川彦次郎)의 여동생이자 후쿠자와의 조카딸과 결혼했다. 이후 그는 1878년에 미쓰비시상회(三菱商會)의 지배인, 1892년에 가네보(鐘ケ淵紡績) 전무, 1898년에 미츠이포목 전무, 1908년에 가네보 상담역과 오지제지(王子製紙)의 회장이 되었다. 이러한 경력을 가진 그는 '공장조례비제정담'(工場條例非制定談)(『東洋經濟新報』, 1897년 10월 25일)에서 공장법 제정 반대의 근거를 다음과 같이 언급하고 있다.

첫째, 아사부키는 '공장조례'의 주된 내용인 근무시간 제한을 일본에 적용하는 것은 유럽과 다른 일본의 실태를 무시하는 것이라고 주장했다. 즉, "유럽의 직공은 취역(就役)시간 동안 살아 있는 기계처럼 일하고 있다. 그런데 일본의 직공을 보라. 일의 속도는 완만하고 감독은 관대하여 유럽 직공은 상상도 못하는 상황이다. 어린이와 같이 일하여 공장에 놀러온 느낌마저 든다"고 지적하며 유럽 공장에 비해 노동강도가 낮은 일본 공장의 실태에 근무시간 제한을 적용하는 것은 시기상조라고 주장하고 있다.

둘째, 아사부키는 또 하나의 주요 '공장조례'의 내용인 '직공 이동방지를 위한 직공등록제' 적용을 '자유경쟁'에 위배된다고 지적하고 있다. 먼저 그는 '공장조례 제정주의자'의 주장을 전면적으로 부정한 것은 아니었고 그 주장의 배경에 대해서는 인정하고 있다. 즉, "자기 공장에서 많은 경비를 투자하여 간신히 숙련공을 양성하자마자 다른 공장으로 빼앗겨 손실이 매우 크다. 만약 적극적으로 직공을 유치하는 공장은 숙련된 직공을 얻기 어려운데 이것을 교훈으로 양질의 직공을 양성하기도 어렵다. 이 점은 참으로 공업발달에 불리하다"라고. 그럼에도 불구하고 그는 "공장주와 직공 사이를 법률로 속박하는 규정을 마련하고 그것을 쟁취하려 하는 것은 전혀 찬성하지 않고, 이것은 결국 직공 대 고용주 사이의 분쟁과 우려를 낳는 원인이 될 것이라" 고 주장했다. 또한 "자유방임주의에 기초하여 법적으로 아무런 간섭 없이 직공 스스로가 대우가 좋지 않은 곳은 떠나고 좋은 곳에는 머무르는 것" 이 직공을 위해 좋은 조건인 것이라고 하며 따라서 "임금을 인상하고 대우를 좋게 할 수밖에 없고", "자유경쟁을 통해 직공의 지위를 향상시키고 행복을 증진시킬 수밖에 없다" 고 주장하고 있다. 아사부키는 법률에 의한 제삼자의 개입을 통해서가 아니라 기업 간의 자유경쟁을 통해서만 직공의 지위 향상을 실현할 수 있다고 믿었던 것이다.

3) 국가개입주의와 의무교육론: 사쿠마 테이이치(佐久間貞一)

사쿠마는 아사부키보다 1년 빠른 1848년에 태어났다(間宏 編, 1970: 91-106, 455-66). 사쿠마는 북해도 개척에 참여하고 1876년에 다이니혼(大日本)인쇄의 전신인 슈에이샤(秀英舍)를 창업하여 당시에는 생소했던 인쇄기업을 경영하는 등 혁신적인 기업가의 모습이었다. 그는 후쿠자와의 『학문의 권유』(學問のすすめ)와 함

께 당시의 베스트셀러인 『西國立志篇』(Samuel Smiles, *Self-help* 의 번역서)을 재출판하여 사업을 궤도에 올려놓았다. 그는 결핵에 걸려 사업운영도 어려워질 가능성이 있다는 자각이 있었을 때 "노동자의 생활 향상 없이는 회사의 발전을 생각할 수 없다"는 신념을 슈에이샤에서 관철하려고 했다. 그것은 "완전한 직공을 양성하여 향후 일본의 활판인쇄공장 모델로 만든다"는 포부에서도 잘 알 수 있다. 그는 직공의 기술교육과 '수양'(修養)에 노력을 기울였고 노사 양측이 '기뻐하며 일할 수 있는' 공장의 실현을 꿈꾸고 있었다. 그는 회사 내에서뿐만 아니라 노동자의 지위 향상을 위한 대외활동에도 적극적으로 참여하여 일본 최초의 전국적 노동단체인 '노동조합기성회'(勞動組合期成會)의 평의원이 되어 그 성립에 기여했다. 또한 그는 일본 초기 노동운동의 대부격인 타카노 후사타로(高野房太郎)와 격의 없는 논의를 통해 사회적 합의의 기반을 형성한 것으로도 유명하다(二村一夫, 2005). 그는 1891년에 농상무성 장관이 공장법의 '직공조례' 제정 여부를 상업회의소에 자문했을 때, 상업회의소의 다른 많은 의원들의 반대 가운데에서도 찬성하여 공장법 제정을 위해 헌신했다(土屋喬雄, 2002: 272). 이러한 그의 헌신은 "본 상공회의소는 1896년 12월 이래 회원 사쿠마 테이치의 건의에 따라 위원을 선정하여 직공 보호 및 단속에 관한 건을 조사하던 중 1898년

사쿠마 테이이치(佐久間貞一, 1848–98)

자료: 二村一夫著作集, 第6巻 『高野房太郎とその時代』(http://oohara.mt.tama.hosei.ac.jp/nk/takanoden59.html).

9월 29일에 농상무차관이 농상무성이 입안한 공장법안의 자문을 의뢰함에 따라 위원회를 구성하여 심의한 뒤 시부사와 대표를 통해 공장법은 단지 공장설비 및 단속에 관한 규정에 머무르게 하고 직공, 도제에 관한 규정도 필요 없다고 다시 한 번 대답했다(龍門社 編, 1959: 338-48)"는 당시 상공회의소 대표였던 시부사와 에이치(涉澤榮一)의 일기에서도 확인할 수 있다. 사쿠마는 1897년부터 1904년 동안에 쓴 것으로 판단되는 「공장법안에 대해」(每日新聞)에서 공장법 제정 찬성의 근거를 다음과 같이 언급하고 있다.

첫째, 사쿠마는 "아사부키 에이지 씨 같은 주장은 이 조례에 반대하는 사람이라 하더라도, 현재의 우리 직공의 건강을 해치고 있는 점은 분명하기에 그대로 놔두어서는 안 된다는 것이다. 아사부키 씨는 이른바 야간작업을 금지하는 것은 대체로 나와 입장이 같다" 라는 점을 지적하면서 자유방임주의자도 노동문제에 대한 현상인식은 크게 다르지 않다고 이해하고 있었다. 이것은 사쿠마가 "메이지 10년대(1877-86)에는 자유주의 경제학과 그에 따른 경영방침을 취하고 있었던 것" 과 무관하지 않다(土屋喬雄, 2002: 268). 그러나 그는 자유주의 경제사상에 의문을 품게 되었고, 따라서 노동 문제에 대한 자유방임주의적인 해결방법을 비판하게 되었다. 즉, 그는 "위험을 예방하고 건강을 보존하며 품위를 유지하기 위해 필요한 제도를 만드는 것" 이 공장법안이라 하고 "이것을 자유롭게 포기해야 한다고 말한 사람들은 애덤 스미스의 아류로 무엇이든지 자유공급에 귀착" 시키고 있다고 하면서, 이것은 자유방임주의가 애덤 스미스의 공정한 자유경쟁의 이념을 잘못 인식하고 있는 것이라고 비판했다.

둘째, 사쿠마는 "국가는 간섭에 의한 의무교육을 통해 아이들의 기초교육을 시행해야만 공업발달이 가능" 하다고 주장하고 있다. 이 같은 그의 주장은 「공장조례제정의 필요」(『社會雜誌』, 1898년 1월호)에서 "산업이 발달한 곳은 능력의 증진에 좌우된다. 그 효과를 높이려고 하면 반드시 직공을 교육시키고 그들의 건강을 보호하여 숙련된 직공을 증가시켜야 한다"는 그의 평소의 신념에 기초한 것이었다(土屋喬雄, 2002: 273).

사쿠마는 이상과 같은 국가개입주의와 간섭교육론을 "열등자는 우등자의 압제를 벗어날 수 없고 공장주 한 사람의 자유가 노동자 다수를 속박한다는 것을 기억해야 할 것이다. 따라서 공장주의 압제를 제한하여 자녀의 간섭교육을 통해 직공에게 기초교육을 제공하고 남녀의 건강을 보호하는 것이야말로 공업발전 및 국가의 부를 증진하는 기초"(間宏 編, 1970: 104-5)라고 정리하고 있다.

마지막으로 사쿠마의 사망 후 노동조합기성회의 그에 대한 조사(弔辭)를 통해 일본 산업화 초기 사회적 합의 형성 과정에서의 사용자이 역할을 확인하고자 한다(二村一夫, 2005).

"-전략- 이제 노동자 보호의 요구가 전국에 퍼져, 정부 역시 공장법 제정을 향해 움직이기 시작했습니다. 당신은 이것을 매우 기뻐하여 이런 좋은 기회를 놓치지 않기 위해 편찮은 중에도 아랑곳하지 않고 이 문제를 연구하셨습니다.

당신은 또한 노동자가 스승으로 존경하는 친구이자 노동자의 보호자였습니다. 법률에 의한 규제 보호가 산업의 발달을 위해 필요하다는 것이 당신의 평소 지론이었습니다. -중략- 당신의 열정과 성실성은 노동조합기성회의 역사에 대서특필하여 후세에 알려야 합니다. -중략-

또한 당신은 농공상(農工商)고등회의에 참가할 수 없어 안타까운 마음으로 병상에서 고통받고 계셨습니다. -중략- 다행히도 고등회의에는 당신의 생각을 이해하고 노력한 사람들이 계셨습니다. 그분들의 노력으로 고등회의는 당신의 의견을 받아들여 노동자들이 희망하는 공장법 수정안을 인정했던 것입니다.-중략-

우리 노동조합기성회는 당신의 도움으로 수많은 어려움을 극복하여 마침내 탄생하였고 오늘에 이를 수 있었습니다. 이것은 오직 당신의 노력에 의한 것입니다. -중략- 당신의 죽음과 함께 기성회도 동시에 무덤에 들어갈 수밖에 없습니다. 참으로 유감입니다. -중략- 부디 저 세상에서 영원히 우리 기성회를 지켜 주시길 바라며 보잘 것 없는 조사(弔辭)를 바칩니다."

3. 실질적 제도: 온정과 인격존중

1) 온정주의: 무토 산지(武藤山治)

무토 산지는 일본적 경영의 토대로 알려져 있는 '온정주의'에 기초한 '경영가족주의'를 제창하고 정착시켰다. 무토는 게이오의숙를 졸업하고 유학을 위해 미국으로 건너가 학업만이 아니라 대학의 식사 배급, 담배공장의 견습직공, 일본인 경영회사의 간장판매점원 등도 3년간 경험하고 귀국했다(間宏 編, 1970:

무토 산지(武藤山治, 1867-1934)

자료: 『軍事救護法と武藤山治』(일본국회도서관, http://www.ndl.go.jp/portrait/datas/341.html).

104-5, 455-66). 미국 유학 중에 무토는 서양의 자유주의를 충분히 경험하면서 일본에서의 자유주의는 서양과 다른 형태로 정착시킬 필요가 있다는 신념을 갖게 되었다. 무토는 재계의 실력자인 나카미가와에게 인정받아 미츠이은행에 입행했다. 그 후 가네보로 옮긴 무토는 아사부키와 콤비를 이루어 가네보의 주력공장인 효고(兵庫)공장을 설립하여 운영했다(入交好脩, 1964: 63). 무토의 노사관계관은 노동 문제에 대해 다방면에 걸쳐 뚜렷한 의견을 제시하고 있는 『우리나라 노동 문제 해결방법』(ダイヤモンド, 1919년 집필)에서 잘 드러나고 있다.

첫째, 무토는 같은 자유주의자인 아사부키와 공장경영에서는 콤비를 이루었지만, 노사관계의 제3자 개입에 대한 생각은 달랐다. 무토는 "노동 문제에서도 하급자는 경찰을 자본가측의 아군이라는 일종의 오해를 갖고 있기에 경찰이 노동자와 자본가의 투쟁에 간섭하는 것에 대한 재고가 꼭 필요하다"고 하여 치안경찰법에 기초하여 노사분쟁을 해결하려는 당시의 법체제를 비판했다(間宏 編, 1970: 179-81). 제1회 국제노동회의(ILO)의 일본 내표이기도 했던 그는 노동조합법의 제정은 시대의 흐름이며 그 법을 제정해야만 정부가 자본가의 입장에서 있다는 오해를 풀 수 있다고 판단했다. 또한 그는 노동조합법을 제정하면 원만한 노사관계 형성에 도움이 되기에 자본가의 이익을 위해서도 서둘러야 한다고 주장했다. 그의 제삼자 개입을 전제로 한 자유주의 사상은 부자에게 과세하여 소득불균형을 조정하려는 '자선세'(慈善稅)의 제창에서도 확인할 수 있다.

둘째, 그럼에도 불구하고 무토는 노사의 실질적 관계는 권리와 의무가 아니라 노사가 가족과 같이 일체가 되는 온정주의에 기초하여 운영해야 한다는 사고방식을 견지했다. 즉, 그는 "공장주는 종업원을 다른 사람의 아이를 맡아 있는 것으로 생각하고, 가족처럼 어디까지나 부모의 입장에서 보살펴야 한다. 이렇게 하면 자연스럽게 고용된 사람과 고용한 사람 사이에 일종의 애정이 생기고, 일의 성과도 자연스럽게 좋게 되기에, 이것으로 소요되는 비용은 손실이 아니다"라고 하였던 것이다(間宏 編, 1970: 161). 그는 제1회 국제노동회의에서도 온정주의에 따라 가네보에서 실시하고 있던 '직공우대방법'을 각국의 고용주도 실시하도록 세계 공통의 노동입법에 추가할 것을 주장했다. 한편, 무토는 온정주의를 비판하는 학자에 대해 강하게 반박했다. "근래 학자논객 중 일부는 온정주의를 배척하는 논의를 많이 하고 있다. 이른바 은혜를 입는 것이 노동자에게 떳떳하지 않은 것이기에 그들은 권리로써 이러한 것을 요구해야 한다"고 하는 것이 학자들의 주장이라고 정리한 뒤에 그는 "이러한 주장은 서양에서도 별로 듣지 못한 것"이라고 일축하고 있다. 무토는 당시 요시노 사쿠조(吉野作造), 아라하타 간손(荒畑寒村), 가와카미 하지메(河上肇) 등의 학자 또는 저널리스트로부터 비판을 받고 논쟁하였기에 이들에 대한 비판으로 추측할 수 있다. 이 가운데 일본의 다이쇼 데모크라시를 주도한 요시노는 온정주의가 도덕적 관점에서 문제가 없기에 반대할 생각은 없다고 하면서도, "무토 씨는 현대노동 문제의 의미를 이해하고 있지 않다"고 무토의 온정주의의 한계를 비판한 점에 주목할 필요가 있다(兼田麗子, 2006: 204).

2) 인격존중주의 : 오하라 마고사부로(大原孫三郎)

일본에서 가장 오래되었고 현재까지 지속적으로 영향력 있는 연구 결과를 산출하고 있는 민간노동 문제 연구소 '오하라사회문제연구소'(大原社會問題研究所)(1919년 설립, 현 일본 法政大學 소속)를 설립한 오하라 마고사부로는 무토보다 12년 늦은 1880년에 태어났다(間宏 編, 1970: 249-73, 455-66). 오하라는 초등학교 시절에 '부자의 바보아들'로 취급당했고 도쿄전문학교(현 와세다대학)에 입학한 후에도 당시 신입 은행원 연봉(1898년 현재 420엔)의 24배에 해당하는 1만 엔을 넘는 부채를 만드는 등 젊을 때는 개명적인 사용자와는 거리가 있었다. 그러나 그는 고향에 함께 돌아간 빚쟁이 대리인을 환대하고 빚도 갚아준 아버지와 일본 아동복지의 선구자인 이시이 주지(石井十次)의 영향으로 크게 변화했다. 그 후 그는 고아원 운영과 교육 및 사회문화사업에 힘썼고 무엇보다도 직공의 인격존중의 실천을 위해 노력했다. 오하라의 노사관계관은 자신이 경영하고 있었던 쿠라시키(倉敷)공장의 공장장회의 강연에서 명확하게 나타나고 있다(「쿠라시키 공장장회의 강연 요지」, 1917년 7월 10일)(間宏 編, 1970: 265-7).

첫째, 오하라는 인격존중주의에 근거해야만 노동 문제를 근본적으로 해결할 수 있다고 주장했다. 즉, "여러분, 나는 때때로 내 입으로 향상적 인도주의, 즉 직공 그 사람의 인격을 인정하고 행복을 증진한다는 것은 실로 노동 문제 해결을 위한 나의 근본 주장이며, 동시에 쿠라시키 직공에 대한 대우의 근본 취지이다. 그리고 이 주장은 결코 회사의 이익과 상반되는 것이 아니라 오히려 회사의 이익을 증진하는 것으로서 이 주장과 회사의 이익은 반드시 일치하는 것이라고 믿고 실행하고 있다"고 강조하고 있다. 또한 오하라는 "쿠라시키의 인도주의(人道主義)가 온정주의와 같이 얘기되고 있으나, 이것은 옳지 않다"(大原孫三郎傳刊行會編, 1983: 318)고 하여 당시의 온정주의와 명확하게 구분짓고 있다. 뒷

오하라 마고사부로(大原孫三郎, 1880-1943)

자료: http://www.rib.okayama-u.ac.jp/%E7%A0%94%E7%A9%B6%E6%89%80%E7%B4%B9%E4%BB%8B/profile4-1.html.

날의 쿠라시키 방적공장의 종업원도 오하라의 노사관계관을 무토의 '온정주의'와 명확하게 다른 것으로 인식하고 있었다(倉敷紡績株式會社編, 1953). 이와 더불어 오하라는 "인간에게 권리와 의무가 있는 것은 논의의 여지가 없는 것으로, 쿠라시키의 인도주의는 개인의 인격을 존중함과 동시에 개인에게 도덕적 의무수행의 생활을 의미하는 것"(大原孫三郎傳刊行會 編, 1983: 318)이라고 지적하며 노동자의 도덕적 의무수행도 강조했던 것이다.

둘째, 오하라는 인격존중주의의 이상을 실현하기 위해 다방면에 걸쳐 노력했다. 그는 주식을 사원과 직공에게 배분하고 쾌적한 기숙사를 만드는 등 사회복지 확대에도 힘을 기울임과 동시에 노사의 '공동작업장'을 만드는 데 심혈을 기울였다. 즉, 그는 "나는 항상 이 주장에 대해 연구를 게을리 하지 않고, 반드시 노동자와 자본가의 완전한 일치점을 발견하여 그 방법을 구체적으로 수립하기 위해 노력하고 있는 것이다. 그러나 이 원리가 철저하게 적용될 때, 즉 이상이 실현될 때는 우리 공장이 노동자와 자본가와의 공동작업장으로 될 것이라고 확신하는 바이다"라고 역설하고 있다. 뒷날의 쿠라시키 방적공장의 종업원들은 이러한 오하라의 노력을 기존의 정의(情誼)에 기초한 '주종관계'에서 노동자의 '권리'를 자각시켜 대등한 노사관계로 새롭게 구축하려고 한 실천으로 받아들이고 있었다(倉敷紡績株式會社 編, 1953).

4. 전후 노사정관계의 전제

이상에서 살펴본 전전기 일본 경영자의 노사관계관은 다음과 같이 네 가지로 분류할 수 있다([그림 2-1]). 첫째, 아사부키 에이지와 같이 제3자 개입 없는 자유경쟁에 의해 노동자의 지위를 향상시켜야 한다는 자유주의 노사관계관,

[그림 2-1] **일본 사용자의 노사관계관**

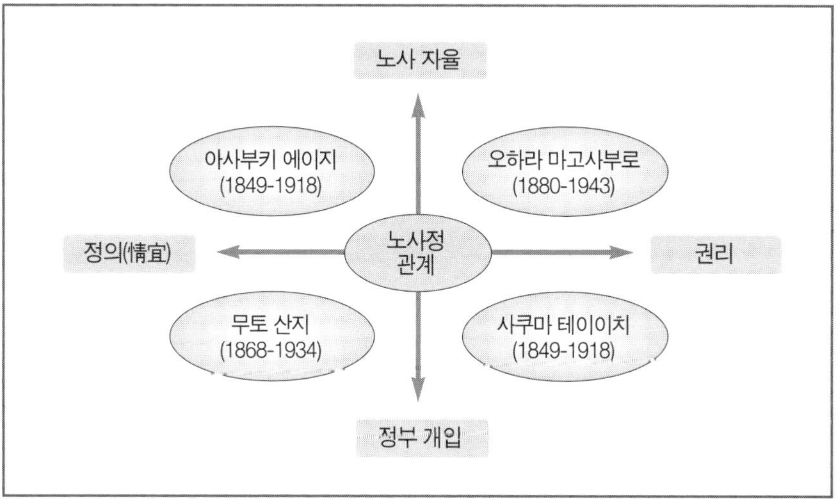

둘째 무토 산지와 같이 제3자 개입을 전제로 하지만 기업조직에서는 노사가 가족과 같이 일체가 되어야 한다는 온정주의 노사관계관, 셋째 사쿠마 테이이치와 같이 제3자 개입을 전제로 하면서 노사가 상호 인격을 존중하며 권리에 기초해야 한다는 제3자 개입 인격주의 노사관계관, 넷째 오하라 마고사부로와 같이 제3자 개입에 대해서는 명확하지 않지만 노사가 상호 인격을 존중하고 권리에 기초해야 한다는 인격주의 노사관계관으로 나눌 수 있다.

전전기 일본의 노사정관계는 무토가 주장하고 실현하려 했던 것과 같은 노사일체의 이념을 추구하는 온정주의에 크게 규정받았다. 그렇지만 이러한 온정주의는 위기에 닥치면 노사의 신뢰관계가 무너져 유지 불가능하게 될 가능성이 높다. 사쿠마와 오하라와 같이 노동자의 인격을 존중하여 노동자를 의사소통의 파트너로서 인정하고 지속적인 보상체계를 만들려는 시도와 실천이 있었기에 전후 일본의 노사정관계가 안정적으로 형성되고 정착될 수 있었던 것이다.

제3장

온정주의와 노사정관계: 가네보(鐘紡)

제3장

온정주의와 노사정관계: 가네보(鐘紡)

전전기 일본 경제는 제1차 세계대전 후의 불황을 시작으로 1920년대 불황기를 거쳐 1930년의 쇼와공황(昭和恐慌) 때에 결정적인 위기를 맞게 된다. 온정주의에 기초한 전전기 일본의 노사정관계 또한 큰 위기에 직면하게 되었다.

1. 쇼와공황과 산업합리화정책

제1차 세계대전 후의 불황은 세계경제에 '산업합리화'라는 공통의 과제를 안겨주게 되었고(村上はつ, 1979: 189), 이러한 산업합리화는 산업조직의 재편을 촉진하여 현재 일본 경제의 특징인 대기업 중심의 산업조직을 형성시켰다(油井常彦 · 大東英祐 編, 1995). 당시 일본의 산업합리화는 '임시산업합리국'에 의해 주도되었는데 그 중심에 기시 노부스케(岸信介)가 있었다. 임시산업합리국의 사무관으로 유럽과 미국의 합리화 운동을 조사하였다. 그는 산업합리화 운동이라는 용어와 그 대책이 새로운 것은 아니었지만 제1차 세계대전 후 독일 경제 부흥의 상징으로 유포되었다고 한다. 그는 당시 산업합리화의 지도정신이 자유경쟁보다는 기업가 간의 '협조'와 기업경영의 근본이 '돈벌이'에서 '비용절감'으로 바뀐 점을 강조했다(前田靖幸, 1976: 63-4). 비용절감을 지속적으로 실현해

쇼와공황

쇼와공황은 세계대공황(1929년 10월)의 여파가 닥쳐오고 있었는데도 불구하고 당시의 하마구치 내각이 금본위제도로 복귀하기 위하여 금의 유통이 자유롭도록 금의 수출허가제를 폐지한 것(1930년 1월)이 경제에 악영향을 미쳐 발생하였다. 공황이 발생한 가장 중요한 원인은 달러의 가치가 하락했음에도 불구하고 금본위제를 이탈했던 1917년 9월 당시의 환율(1달러=2.005엔)로 복귀하여 수출 가격경쟁력이 약화되었음에도 긴축정책을 시행했기 때문이었다. 중소기업의 도산과 휴업이 속출하고 대기업에서도 대규모 인원정리와 임금 인하가 단행되었다. 공황의 여파가 가장 심각했던 1931-32년에는 250만 명에 달하는 실업자가 발생했다. 1931년 12월에는 새로운 내각의 다카하시 재무장관에 의해 금본위제를 포기하는 금수출금지가 다시 시행되었다. 그 결과 엔의 국제가격이 낮아져 수출 가격경쟁력을 회복했으며 저금리정책과 저임금, 그리고 만주사변(1931년 9월)에 의한 군수 확대로 다른 나라보다 빠른 시기인 1933년에 공업 부문은 경기를 회복하였다. 그렇지만 농업은 1935년까지 회복하지 못했다.

자료: 大原社會問題硏究所 編(1995) 데이터베이스; 橋本壽朗(1984).

야 했던 일본 기업 경영자는 상호 신뢰에 기초한 노사관계를 구축해야 할 필요성을 더욱 느꼈다. 그렇지만 쇼와공황의 충격에 대한 대응이 불가피했던 상황이었기에 경영자의 의도대로 노사의 신뢰가 유지되기는 어려웠다.

요시노 신지(吉野信次)는 임시산업합리국을 구상했다고 알려져 있다. 그는 노동력의 수요를 증대시켜 산업합리화에 의해 발생하는 실업자 증가에 대처할 수 있고, 그와 더불어 합리화를 실시한 뒤의 해당 기업 노동자는 오히려 안정된 지위를 획득할 수 있다는 점을 강조했다(吉野信次, 1930: 265-7). 이러한 산업합리화가 진행되었던 당시에는 구조조정 과정에 노동자 대표가 참여할 수 있는 제도, 즉 사회적 합의제도가 마련되지 않았다.

1920년대의 일본 경제는 거품 붕괴 후 1990년대의 '잃어버린 10년'과도 견줄 수 있는 오랜 불황의 시기였다. 당시의 일본 경제는 관동대지진 피해복구를 위해 발행한 진재어음(震災手形)이 불량채권으로 되어 근본적인 원인을 제공한

1927년의 금융공황, 세계대공황의 영향과 뒤늦게 무리한 환율로 금본위제도에 복귀하여 '태풍이 부는데 창문을 열어버린 격'이 된 금수출 허용으로 1930년의 쇼와공황을 맞이하게 되었다. 이하에서는 온정주의에 기초하여 가족주의 경영을 최초로 체계적으로 시행했던 가네보가 쇼와공황을 맞이하여 시행한 구조조정 과정에서 노사정 합의를 시도했던 실태에 대해 살펴보고자 한다. 가네보는 당시 다른 기업 노사관계의 형성에 큰 영향을 미친 것으로 평가되어 일본적 노사관계의 원형으로도 많은 주목을 받아 왔다(間宏, 1964: 47-8, 310-8).

2. 가네보의 온정주의

1) 복지: 연금과 부조

가네보는 제2차 세계대전 전 일본 경제를 이끌었던 방적업의 대표적 기업이었고, 1929년에는 순이익 620만 엔으로 일본 전체 기업 순위 9위이었다(山崎廣明, 1991: 32-3). 가네보는 종업원에 대한 우대정책을 통해 온정주의 경영을 실현하려 했다(大阪朝日新聞, 1919. 6. 22). 가네보는 '직공위안 및 가족위안'을 위해 각종 오락을 제안했고, 간이식당을 설치하여 저렴한 가격으로 식사를 제공했다.

또한 가네보는 공제조합을 설립(1905)하여 일본 최초의 기업연금을 시행했고 부조(扶助)도 광범위하게 실시했다([표 3-1]). 연금은 현재의 연금제도와는 달리 남자종업원 및 여자종업원에게 10년 이상 및 5년 이상 근속하면 재직 중에도 지급되기 시작했다. 15년 이상 근속한 남자종업원 및 10년 이상 근속한 여자종업원에게는 퇴직한 뒤에도 퇴사 당시 임금의 15%에 해당되는 금액을 지급했다. 자신의 의사에 따라 자발적으로 퇴직한 종업원이 아니라 질병 또는 부상으

[표 3-1] 가네보 연금 및 부조 시행규칙(1905)

구분	대상: 남	대상: 여	퇴사 이유	내용
연금	10년 이상 근속자	5년 이상 근속자	자발	재직중에도 연금 지급
연금	15년 이상 근속자	10년 이상 근속자	자발	퇴직 후에도 15년간 연금 지급 (퇴사 당시 임금 15%)
연금	50세 이상 5년 이상 근속자	45세 이상 3년 이상 근속자	질병/부상	퇴직 후에도 15년간 연금 지급 (퇴사 당시 임금 15%)

구분	대상	내용
부조	출산자	산전/산후 각 1개월 부조료 지급
부조	가족 있는 여자 질병 발생자	임금 1/2(매월: 임금)+임금1/4(3-5개월: 부조)
부조	부상자	완치까지 치료비(공제조합), 임금(회사) 지급
부조	부상 완치 후 복귀자	부상 정도에 따라 일시금(50엔) 또는 재직중 연금 지급
부조	직무중 사망자	장례비(15-30엔), 유족부조(100-150엔)

주: 여자 최고임금(일당) 50전/최저임금 30전, 신입자 평균임금 35.6전.
자료: 大阪朝日新聞, 1914년 1월 9일; 鐘紡株式會社史編纂室 編(1988).

로 퇴직한 종업원에게도 연금을 지급했다. 즉, 5년 이상 근속하고 50세에 해당하는 남자종업원 또는 3년 이상 근속하고 45세에 해당하는 여자종업원이 퇴직할 경우에 자발적으로 퇴직한 종업원과 동일하게 연금을 지급했다.

부조는 종업원에게 예상치 못한 상황이 발생하였을 때 많은 도움을 주었다. 출산하는 여자종업원에게 출산 전후에 각각 1개월치의 부조료를 지급하고, 가족이 있는 여자종업원이 질병으로 근무가 불가능할 때 기본적으로 매월 임금의 1/2에 해당하는 금액을 지급했고 그와 더불어 3-5개월 동안은 임금의 1/4에 해당하는 금액을 추가적으로 지급했다. 부상당한 종업원의 경우 완치할 때까지 원래의 임금을 지불하고 치료비는 공제조합에서 지급하며, 완치하여 복귀한 뒤에는 부상 정도에 따라 일시금(50엔) 또는 재직중에 연금을 지급하도록 했다. 또한 직무중에 사망한 종업원은 유족에게 장례비(15-30엔)와 부조금(100-500엔)을 지급하도록 했다.

이상과 같은 가네보의 직공에 대한 대우는 직원(화이트칼라)과 직공(블루칼라)의 신분에 따른 대우가 현격하게 차이 났던 당시 상황을 고려하면 파격적인 것이라 할 수 있다.

2) 직분차별 철폐

가네보는 온정주의 경영을 직원과 직공의 '직분'(職分)차별 철폐를 통해서도 실현하려 했다(大阪時事新報, 1930. 2. 16). 제2차 세계대전 전 일본 기업의 인사제도는 직분에 의해 종업원의 신분이 엄격하게 구분되었다. 직공은 직원과의

가네보(鐘紡)주식회사 도쿄공장

자료: 『日本商工大家集』(1906)(일본국회도서관, http://www.ndl.go.jp/scenery/data/530/l.html).

차별대우를 없애는 '직분철폐'를 끊임없이 요구하였고, 이는 제2차 세계대전 직후 노동운동의 가장 중요한 요구사항으로 제기되어 대부분의 기업에서 관철되었다. 가네보 요도가와(淀川)공장 최초의 공장장과 부사장을 거쳐 사장에 취임한 쯔다 신고(津田信吾)는 학력에 의한 직분제도를 일찍부터 철폐하려 했다. 요도가와 공장 전체 남자공원(1,000명)의 학력별 구성은 대학 및 전문학교 졸업자 40명, 중등학교 졸업자 140명, 고등소학교 졸업자 820명이었다. 전체 여자공원 400명 중 여학교 졸업자가 30명이었다.

직분철폐의 일환으로 신입종업원의 초임은 학력차가 있더라도 동일하게 지급했다. 쯔다 신고가 이러한 인사정책을 전개하려 했던 것은 온정주의-경영가족주의를 실현하려 했던 것과 더불어 학력차별을 없애면 당시 고등학력 졸업자의 과잉공급 현상도 없앨 수 있다고 생각했었기 때문이었다.

3. 구조조정과 노사정관계

1) 임금 삭감과 노동쟁의

쯔다 신고 당시 부사장은 1930년 4월 공장장회의를 개최하여 '온정적 대가족주의'(溫情的大家族主義)를 포기하지 않는다는 점을 강조하며 '피할 수 없는 상황'이라 임금 삭감을 단행할 수밖에 없다는 성명을 발표하였다(社會局勞動部, 1930c). 즉, 그는 인원정리를 회피하고 고용확보를 위해 임금 삭감을 시행하는 것이고, 솔선수범하여 시행하고 있는 온정주의는 그 이후로도 변함없이 시행할 것이라 했다. 또한 그는 온정주의에 기초하여 복지제도를 시행하고 있어 종업원이 높은 임금을 받고 많은 저축도 하고 있다는 점을 강조했다. 따라서 그는

[표 3-2] 가네보 각 공장 직공 수 및 쟁의발생일(1930)

공장명	직공 수			쟁의발생일
	남	여	계	
동경(東京)	701	2,396	3,097	1930. 4. 7
효고(兵庫)	799	2,017	2,816	1930. 4. 9
요도가와(淀川)	973	351	1,324	1930. 4. 9
오사카(大阪)	689	1,406	2,095	1930. 4. 10
교토(京都)	1,001	2,355	3,356	1930. 4. 10

자료: 社會局勞動部(1930c).

쟁의에 참가하는 것은 본인들의 자유이나 임금 삭감과 인원정리 중 어느 쪽이 자신들에게 유리한가에 대해 냉철하게 판단할 것을 요구했다.

이러한 성명 발표 뒤에 쯔다 신고는 제1차 세계대전 호황 이후 직공 및 사원에게 각각 본봉의 70% 및 60%를 지급했던 '전시할증수당'을 폐지하고 각각 본봉의 40% 및 30%에 해당하는 '임시수당' 지급을 발표했다. 이렇게 되면 직공 및 사원의 실질총수입은 23% 감소하게 되었던 것이다. 이러한 조치는 전년도와 비교하여 생사와 면포의 수출가격이 각각 50%, 40% 하락했고 주가도 하락한 당시의 경기침체를 반영한 것이었다. 그렇지만 주주에게 35%의 고배당을 지급해 왔고, 더욱이 전시수당을 폐지한 같은 해에 퇴직한 전사장 무토 산지에게 300만 엔의 퇴직위로금을 지불한 것이 노동자가 회사에 대해 비판할 수 있는 중요한 근거를 제공하였다(社會局勞動部, 1930b; 社會局勞動部, 1930c; 大河內一男 他, 1965: 173-81; 鐘紡株式會社史編纂室 編, 1988: 219-26).

가네보는 1930년 현재 35개 공장 4만여 명의 종업원을 고용하고 있었는데(大阪朝日新聞, 1930. 4. 11), 규모가 큰 공장에서 시작하여 회사의 임금 삭감안에 대한 쟁의가 연속적으로 발생하였다([표 3-2]).

2) 노사관계와 노정관계

가네보에는 노동조합이 결성되어 있지 않았기에 전국노동단체(일본노동조합동맹, 일본방직노동조합, 일본노동조합총연합회)의 간부와 가네보 직공 대표로 구성된 '공동투쟁위원회'의 주도로 쟁의가 전개되었다(社會局勞動部, 1930b; 社會局勞動部, 1930c). 공동투쟁위원회는 각 주요 공장의 쟁의를 주도했는데, 무토 산지가 사장으로 취임하기 전에 공장장으로 재직하면서 온정주의를 실현하려 했던 효고공장의 사례를 통해 당시 노사정관계의 특징을 살펴보고자 한다.

공동투쟁위원회는 회사와의 협상이 원활하게 이루어지지 않아 교섭위원 대표를 선발하여 다카하시(高橋) 효고현 지사를 면담하려고 현청을 방문했으나 지사가 부재하여 후지오카(藤岡) 경찰부장과 면담하였다. 이 면담에는 야마모토(山本) 특고(特高)과장, 가네타니(金谷) 노동계 경부(警部) 그리고 사카모토 마사루(坂本勝) 대중당 효고현 의원도 참석하였다. 주요 면담 내용은 다음과 같았다(社會局勞動部, 1930c).

부장: 진정(陳情) 내용은?

대표: 우리는 어디까지나 임금 삭감으로 인한 피해의 진상을 알려 회사의 반성을 촉구하려고 시작한 쟁의이므로 무조건 업무에 복귀하는 것은 불가능하게 되었습니다.

부장: 여러분의 결론은? 그리고 여공의 의사는?

대표: 우리는 쟁의를 계속할 의지가 강하고 남자공원의 의지에 뒤지지 않는 여자공원은 우리에게 모든 것을 맡겼습니다.

부장: 생활의 실상에 대해서는?

직공: 이전에 특고과장에게 대다수 직공의 생활실상을 제출했습니다.

부장: 식량걱정은 없는가?

직공: 큰 문제는 없고 농성중에 먹은 식사요금도 전표(金券)로는 지불할 수 있습니다.

부장: 그렇지만 쟁의가 계속되면 문제가 생기지는 않을까?

직공: 회사는 직공 집에 방문하여 노인과 아이들을 속이며 돌아다니고 있습니다.

부장: 회사가 공장 안밖에서 파업직공을 협박하는 일은 없는가?

대표: 어제부터 공장 내에 험악하게 생긴 남자들 다수가 들어와 위협하고 있는 것 이외에 변한 것은 없습니다.

부장: 지사를 만나려 했던 요건?

직공: 모든 직공의 의사가 정리되지는 않았지만 앞으로 쟁의가 격렬해질 것이 걱정되니 회사에게 반성을 촉구해 주시기 바랍니다.

부장: 그런 것이라면 지사께서도 기쁘게 만나 주실 것이니 날짜와 시간을 다시 정하여 면담하도록 하겠음.

이상의 회담내용으로부터 당시 가네보의 쟁의해결 과정에 노사관계는 부재했고 노정관계만이 존재했었다는 사실을 확인할 수 있다. 제2차 세계대전 전 일본은 노동조합법이 제정되지 않았고 노동쟁의조정법(1926)만이 제정되었다. 즉, 단결권은 법적으로 보장되지 않지만 조정 과정은 법으로 규제하는 형태였다. 한편, 개정된 치안경찰법(1926)이 집회와 결사를 규제하였기에 노동자의 단결권과 쟁의권 행사에 개입할 수 있었다. 이와 같이 제2차 세계대전 전 일본의 노사는 평소에 대화를 하다가도 대립하게 되면 단결권이 법적으로 보장되어 있지 않은 노동자와 대화를 거부하여 노동자는 정부와의 대화를 시도할 수밖에 없었던 것이다.

3) 노동쟁의의 결과

가네보의 노동쟁의는 54일 동안 장기간에 걸쳐 진행된 뒤에 최저임금법 제정을 촉진(神戶新聞, 1930. 4. 11)시키는 등 많은 파급효과를 발생시키고, 다음과 같이 노사 간 협상을 체결하여 마무리되었다(鐘紡株式會社史編纂室 編, 1988: 219-26; 大河內一男 他, 1965: 173-81).

① 임금 인하는 회사안대로 실시하되 수입 감소분은 '행복증진자금' 등으로 충당한다.
② 새로운 30% 수당은 본봉으로 편입하고 임금 인하를 장래에 실시하지 않을 것을 약속한다.
③ 해고통지자의 약 반수인 93명을 복직시킨다.
④ 해고자에게는 회사규정에 의한 퇴직금, 예고수당 14일분, 귀향여비 등을 지급하는 이외에 200엔을 특별 지급한다.
⑤ 쟁의중의 수당은 세대주에게 15엔, 독신자에게 7엔을 지급한다.
⑥ 쟁의비용으로 4만 엔을 지급한다.

공동투쟁위원회는 임금 삭감을 최소한으로 줄였고, 해고자 전원을 복직시키지는 못했지만 퇴직금을 확보하는 데 성공했다. 쇼와공황 당시 가네보를 비롯하여 각 기업에서 전개된 노동쟁의의 결과 노사가 합의한 퇴직수당제는 이후 구조조정의 하나의 방식으로 활용되었고, 일본 기업의 특징인 퇴직금 일시지급제도의 원형이 되었다. 퇴직수당제는 1935년 사회국 조사에 의하면, 민영공장 100인 이상 규모 44.6%, 10인 이상 전 공장 12.6%에 해당하는 기업에서 실시되었다. 한편, 퇴직수당의 법제화는 1936년 6월 「퇴직적립금 및 퇴직수당법」

공포에 의해 실현되었다(法政大學大原社會問題硏究所 編). 이렇듯 종업원의 요구가 상당 부분 관철되었다고 볼 수 있지만 온정주의에 기초해 왔던 노사 간의 신뢰는 깨지고 말았다.

4. 온정주의와 노동조합

1) 알버트 토마의 온정주의 비판

알버트 토마(Albert Thomas)는 1919년 제1회 국제노동회의(International Labor Conference)에서 ILO 초대 사무총장으로 선출되었다(http: //www.ilo.org). 토마는 사무총장으로 선출된 이후 일본의 노동 문제에 대해 계속해서 관여했다. 먼저 제1회 국제노동회의에서 결정된 사항을 충분히 반영하지 못한 일본의 공장법 개정안(1926)에 대해 만족할 수준은 아니지만 ILO가 제재수단을 갖고 있는 것은 아니기에 국민의 여론이 형성되어 더욱 높은 수준으로 개정되기를 바란다는 의견을 제시했다(大阪朝日新聞, 1923. 3. 8). ILO 동경지국 개설을 축하하는 인사를 통

Albert Thomas(1878–1932), First Director of the ILO(1919–32)
자료: http://www.ilo.org/dyn/media/mediasearch.fiche?p_ref=bw0159.

해서는 국제노동회의에서 결정되어 동의한 내용에 기초하여 일본 노동자의 지위가 개선되도록 촉구하였다(神戶新聞, 1924. 2. 25). 토마는 노동실태를 살펴보기 위해 1개월간 일본을 방문하게 되었는데, 일본의 노동계도 토마의 방문에 큰 기대를 가졌다(大阪朝日新聞, 1928. 11. 23). 일본 방문을 마치고 귀국하기 직전의 강연에서 토마는 「노동보호법」이 일본의 미풍을 해치리라고는 생각하지 않고, 더불어 제2장에서 언급한 아사부키의 주장과는 달리 '일의 속도'가 유럽의 공장과 비교해서도 늦지 않아 노동보호 입법이 필요하다는 점을 강조했다(大阪朝日新聞, 1928. 12. 27-1928. 12. 30). 이 강연에서 또한 그는 유럽에서도 사용자가 '온정'에 기초하면 노동입법이 필요하지 않다고 주장했었지만 노동 문제를 평화적으로 해결하기 위해서는 '온정'만으로는 불가능했다는 점을 역설했다. 그는 귀국 후 작성한 일본 방문보고서에서 다시 한 번 일본 산업에 깃들여 있는 가족제도는 인정하지만 개인과 개인의 관계가 아닌 단체와 단체의 관계, 즉 노동조합의 설립을 통해 노동 문제를 해결해 나갈 것을 강하게 권유하였다(大阪朝日新聞, 1929. 4. 23-1929. 4. 24). 토마는 가네보 쟁의에 관한 일련의 기사를 읽고 온정주의에 대한 자신의 생각을 다음과 같이 정리하여 해당 신문사의 편집자에게 보냈다(大阪朝日新聞, 1930. 6. 13).

"일본의 가족적인 온정주의제도가 상당히 깊은 뿌리를 갖고 있다고 하더라도 국민의 지성이 발달함에 따라 다른 국가와 같이 지속하기는 어려울 것이라는 일본에서의 나의 주장이 옳았다고 생각한다. 이미 당신도 알고 있는 바와 같이 그때부터 나는 각 방면에서 '가족제도를 이해하지 못하는 자'로 비난받고 공격을 받았다. 이렇게 각 방면에서 비난을 받은 것은 오히려 내가 문제의 요점을 제대로 짚은 것이기 때문이라 생각한다. 이번 가네보 쟁의가 있었을 때 내 이름을 거명하며 다양하게 논의된 것이 바로 그 분명한 증거다. '토마가 이길 것인가, 무토가 이길 것인가'라고 사람들이 나를 무토 씨와 대립관계로 놓고 논의하고 있는 것은 매우 흥미로운 사실이다. 그러나 내 주장이 이번 쟁의 과정과 같은 짧은 기간에 쉽게 관철될 것이라고 생각하지 않는다. 오히려 겉으로 보기에는 가네보 공장에서 일종의 사회평화가 재건되어 온정주의가 부활되었다고 할 수도 있을 것 같다. 그러나 실제로는 일본에서도 현대공업의 본래의 힘에 의해 불가피하게 현대의 형태인 노동과 사본과의 관계로 진행될 것이다. 나는 결코 –이 점은 특히 강조하고 싶은데– 역사적 전통의 힘을 부정하는 것이 아니라, 오랜 일본 정신이 새로운 형태 가운데 남아 있을 것을 믿어 의심치 않는다. 그러나 일본은 다른 국가와 마찬가지로 불가피하게 새로운 형태를 채용하지 않을 수 없는 것이다. 국민이 그 이치를 이해하는 것이 빠르면 빠를수록 일본의 산업발전은 더욱 쉽게 이룰 수 있을 것이다."

2) 온정주의와 노동조합의 탄생

가네보의 온정주의적 노사관계는 노사의 일체는 강조했지만 상호간의 합의를 전제한 것이 아니었기에 쟁의가 발생했을 때 의사소통을 원활히 하려는 노력보다는 사용자의 주장을 그대로 관철하려 했다. 즉, 가네보 효고공장측은 공동투쟁위원회의 정부당국과의의 면담 이후에도 적극가담자 남자공원 10명, 여자공원 11명을 해고하였다. 그리고 공장 주위에 감시탑을 설치하고 간부 직공을 총동원하여 직공의 동태를 파악하며 쟁의 참가 종업원 가족에게 연락하여 쟁의단을 해체하려 하였다(社會局勞動部, 1930c). 따라서 가네보의 종업원들은 회사에 대한 불신이 커지게 되었고 온정주의 자체에 대해서도 비판하게 되었

우애회(友愛會)

통일기독교히로미치(弘道)회 간사였던 스즈키 분지(鈴木文治)에 의해 15명의 회원으로 1912년 8월에 창립되었다. 노동자 토론회의 관계를 바탕으로 친목, 공제(共濟), 수양 등의 활동을 통해 노동자의 '지위개선'을 도모하려는 '노동자 스스로 설립한 단체'로 조직되었다. 당시 직공, 여공 등으로 불리운 노동자의 사회적 지위는 현저히 낮고, 당사자들 사이에 '실패자' 의식이 지배적이었다. 이에 대해 우애회는 동경제국대학 출신의 법학학사인 스즈키 분지를 중심으로 히로미치회, 사회정책학회, 부랑인(浮浪人)연구회 관련 저명인사의 지원을 받는다는 조건하에 '자각과 수양'을 통해 노동자 지위를 향상시키고자 그들을 결집시켰다. 우애회는 창립 4년 후에 회원 수가 1만 8천 명으로 늘어 급속히 발전해 갔다. 1912년 11월부터는 기관지 '우애신보'를 발간하기 시작하여 그 명칭이 1914년 11월에 '노동 및 산업'으로 변경되었다.

자료: 大原社會問題研究所 編(1995) 데이터베이스; 吉田千代(1988).

다(社會局勞動部, 1930c).

쇼와공황 때뿐만이 아니라 제1차 세계대전 호황 후 불황 때에도 구조조정을 실시했는데 그 방법이 온정주의의 내용과는 거리가 있어 노사의 신뢰를 깨트릴 가능성이 있었다(大阪朝日新聞, 1920. 12. 22). 전국노동단체의 하나인 우애회(友愛會) 고베연합회의 조사에 의하면, 건강검진 때에 의사가 회사의 의견을 반영하여 약해 보이는 여공에게 회사 내 병원에서 요양하거나 귀향하여 요양할 것을 권유하였다고 한다. 이에 대해 여공은 대부분 귀향을 선택하여 그 결과 실제 일하는 종업원 수를 줄일 수 있었다고 한다. 또한 당시 방적여공은 이동이 심하였기에 이중고용도 많았는데, 각지를 돌아다니던 가네보의 여공모집원이 가네보를 잠시 쉬고 귀향했음에도 불구하고 다른 공장에 일하고 있는 여공들도 색출하여 해고시켰다. 이런 경우, 자발 또는 회사 사정에 의한 해고가 아니었기에 퇴직금을 지불하지 않아도 되었다. 따라서 이러한 회사 조치는 종업원 수를 줄이려는 것뿐만 아니라 퇴직금도 지불하지 않으려고 한다는 의혹의 여지를 제공했다.

한편, 사용자도 온정주의 경영을 전개하면서도 종업원에 대한 절대적인 신뢰를 갖고 있지는 않았다. 가네보의 상무이자 나중에는 부사장이 된 하시즈메스테 사부로(橋爪捨三郎)는 제1차 세계대전 후 불황 때의 구조조정에 따라 쟁의가 빈발하는 사태를 직면하여 가네보 온정주의 경영의 지침서인「직공대우법」의 개선책에 대해 언급하면서 자신의 생각을 피력했다(東京日日新聞, 1919. 7. 24).

첫째, '임금 인상'과 관련하여 그는 종업원의 임금 인상 요구에 대해 경영진은 마음을 열고 대응해야 할 것이고 회사의 영업 상태를 밝히지 않아 의외의 사태를 맞이한 경우도 알고 있다고 했다. 그럼에도 불구하고 그는 종업원들이 불황으로 회사경영이 어렵다 하더라도 다른 회사와 비교하면서 임금 인상을 요구한다고 비판했다.

둘째, '경영 참가'와 관련하여 그는 중역회의에 '하급사원'을 참가시키는 것은 실제로 불가능하고 그 효과도 있으리라 생각하지 않았다. 또한 그는 '하급사원'에게 주식을 배분하는 것이 경영 참가의 한 방법이지만 주식을 받았던 사원들이 전매(轉賣)해 버린 다른 회사의 사례를 무시하기도 어렵다고 주장했다.

이상과 같이 그는 '하급노동자'가 회사의 경영 상태를 충분히 이해하고 받아들일 것이라고 단순하게 판단하는 것을 경계했다. 결론적으로 그는 '협조주의'를 철저히 실현하기 위해서는 '온정주의'를 넘어 '부모 자식과 같은 관계'로 나아가야 한다고 주장했던 것이다. 그렇지만 노사가 부모 자식과 같이 서로의 이해가 완전히 일치하는 것은 현실적으로 불가능하기에 서로의 권리를 보장하는 법적 근거가 필요했던 것이다.

쇼와공황기 가네보의 노동쟁의는 가네보 노사관계에 전환점을 마련한 것은 물론 다른 방적회사의 노사관계에 지대한 영향을 미쳤고, 당시 한창 논의가 진행되고 있었던 노동조합법 제정을 촉구하는 근거를 마련하게 하였다(社會局勞動部, 1930c). 이상에서 살펴본 바와 같이 가네보는 온정주의에 기초하여 노동조합 없고 노동쟁의 없는 '가네보왕국'을 꿈꾸었지만, 쇼와공황의 영향으로 시행된 구조조정 과정에서 한계를 드러내게 되었다(神戸新聞, 1930. 4. 11; 神戸新聞, 1930. 6. 5). 따라서 노사는 시행착오를 거쳐 합의에 이르게 되었고, 노동쟁의를 주도했던 공동투쟁위원회가 해체하는 날에 가네보의 종업원들은 노동조합을 출범시켰던 것이다(大阪毎日新聞, 1930. 6. 5).

제 III 부

노사정 합의의 출발점: 위기와 교훈, 1945-49

제4장

기업재건 정비정책과 구조조정

1. 전시보상 중지와 정책의 전환
2. 기업재건 정비정책과 구조조정
3. 노사단체의 대응

제4장

기업재건 정비정책과 구조조정

이상에서 살펴본 바와 같이 일본의 노사정 합의는 전전에 초보적인 경험을 하게 되지만 법적으로도 실질적으로도 노사를 서로 파트너로 인정하지 않았기에 성립될 수는 없었다. 일본의 노사정 합의는 전후 부흥기, 즉 새로운 노사정관계 정립 과정과 극심한 인플레 억제를 위한 긴축재정에 의해 촉발된 구조조정을 거치면서 새로운 교훈을 얻게 되었다([표 4-1]).

1. 전시보상 중지와 정책의 전환

일본 정부는 제2차 세계대전 패전 직후 처음부터 구조조정정책을 시행하려 했던 것은 아니었다. 먼저 구조조정정책의 역사적 배경에 대해서 살펴보기로 한다.

일본 정부는 당초 각 기업에게 전시보상을 실시하려고 점령군인 GHQ (General Headquarters: 연합군 최고사령관 총사령부)와 교섭하였지만 성공하지 못하고 GHQ의 전시보상 중지의 지시를 받아들일 수밖에 없었다. 여기에서 전시보상이란 전시 중에 실시된 군수회사법, 병기등제조사업특별조성법, 방공법, 전시손해특별보험법, 기타 국가총동원법에 기초한 공장, 사업장관리령 등의 여러

[표 4-1] 부흥기 경제 · 경영 및 노동 부문의 연표(1945-49)

연도	정치 · 행정	경제 · 경영	노동
1945	8월 종전 10월 맥아더 원수, 수상에게 5대 개혁 지시 11월 GHQ, 군수보상금지조치	9월 GHQ, 재벌해체 방침 지시 10월 석탄생산 긴급대책 결정	9월 대일본산업보국회 해산 10월 讀賣新聞 쟁의 12월 노동조합법 공포(46년 3월 시행) 京成電鐵 쟁의
1946	2월 공직(군수회사 사장 등) 추방령 3월 정부, '헌법개정초안요강' 발표 4월 전후 최초의 총선거 11월 일본국 헌법(신헌법) 공포	4월 경제동우회 설립 지주회사정리위원회령 8월 경제안정본부 · 물가청설치 회사경리응급조치법 공포 10월 전시보상특별조치법 및 기업재건정비법 공포 12월 경사생산 방식에 의한 석탄 · 철강 증산 중심의 생산재개정책 각의 결정	4월 '電産' '炭勞' 결성 8월 내셔널센터 '總同盟' '産別會議' 결성 9월 노동관계조정법 공포(같은 해 10월 시행)
1947	9월 노동성 설치	4월 독점금지법 공포 5월 經團連(한국 전경련) 결성 12월 과도경제력집중배제법 시행	2월 GHQ, 2 · 1제네스트 금지 4월 노동기준법 공포
1948		4월 닛케이렌(한국 경총) 결성 7월 정부, 경제안정10원칙 발표 12월 미국 정부, 맥아더 원수에게 '일본경제안정9원칙' 지령	
1949	5월 상공성 폐지, 통상산업성 설치 6월 행정기관직원정원법 시행(28만 5,000명 행정정리)	3월 일본경제안정정책(닷지라인) 권고 4월 단일환율제(1달러: 360엔) 실시 6월 독점금지법 개정(완화) 9월 각료회의 '산업합리화에 관한 건' 결정	7월 도시바(東芝) 쟁의 국철 대량 인원정리 8월 郵政省 · 電電公社 대량 인원정리

자료: 松尾弘 · 山岡喜久男(1969); 三和良一 · 原朗 編(2010); 法政大學大原社會問題硏究所 編(1995).

법령에 의해 일본 정부가 공약한 전시 중 군수회사의 손실보장을 지키려 보상하려 한 것을 말한다(經營史編集室, 1965: 67). 그렇지만 일본 정부는 전시보상 교섭과 병행하여 일련의 전시보상 중지 관련 법안을 검토했다(宮崎正康, 1983: 699-701). 이렇듯 일본 정부는 GHQ의 지시를 거부할 수 없어 정책 방침을 전시보상에서 기업재건정비로 전환할 수밖에 없었다.

전시보상청구권 처리 문제는 패전 직후 인플레이션 방지대책의 중요한 사안이 되었다. 전시보상 청구추계액은 '대일이사회'의 미국측 발표에 따르면, 1946년 4월 1일 현재 군수산업 539억 2,000만 엔, 민간산업 210억 3,400만 엔으로 총 749억 5,400만 엔이었다. 일본 정부는 1945년 8월 15일에 예금의 무제한 인출을 허용한다는 성명을 발표하고 8월 22일에는 산업자금 융자 방침을 결정하는 등 처음에는 전시보상 방침을 견지하였다. 그 결과 일본 정부는 1946년도 일본 정부의 총재정지출액 845억 엔의 67.3%에 해당하는 569억 엔(임시군사비: 266억 엔, 군수산업: 303억 엔)을 지출하였다(林健久 · 今井勝人 編, 1994: 49). 이러한 전시보상 지불은 재정적자를 확대시키고 인플레이션을 한층 더 격화시켰다(通商産業省 編, 1985: 39-40).

이상과 같이 일본 정부는 패전 직후에는 전시보상정책을 견지하였고, 실제로도 일부 전시보상을 실시하였다. 한편, GHQ는 먼저 1945년 11월에 전시보상 동결 지시를 내리고, '전시이득 배제 및 국가재정 재편성에 관한 각서'에서 모든 일본인에 대해 '전쟁은 이득이 없는 것'이라는 사실을 인식시키기 위하여 법인 및 개인에게 철저히 전시이득세 및 재산세를 부과하는 입안을 일본 정부에 지시하였다(松尾弘 · 山岡喜久男 編, 1969: 18). 이에 대해 대장성(大藏省)은 전시보상 실시 뒤에 재산세, 전시이득세를 개인 및 법인으로부터 징수하는 안을 수립하였다. GHQ는 일본 국내는 물론 미국 국내에서의 여론이 일치한 것이 아니었기에 결정을 일단 보류하였으나, 1946년 5월에 전시보상 지불과 전시이득세 및 재산세를 징수하는 대장성안 대신에 전시보상청구권에 100% 과세하는 실질적인 보상중지안을 일본 정부에 지시하였다. 일본 정부는 GHQ안에 따르지 않고 보상유보론 등으로 타협을 모색하였지만, 결국은 미국 정부와 대일이사회를 통한 연합국측의 강경한 보상중지론이 제기되어 8월 8일 임시각료회의에서 보상 중지의 근본 방침이 결정되었다(經營史編集室, 1965: 67-8). 이러한 결정에 따라 전시보상 관련 법안 요강이 1946년 8월 21일에 기안되어 23일 경제각료 간담회의의 결정을 거쳐 26일에 '전후경제재건정비에 관한 조치의 대강'(大綱)이 각료회의에서 결정되었다(宮崎正康, 1983: 720).

2. 기업재건 정비정책과 구조조정

1) 기업재건 정비정책과 '정비계획안'의 인가

기업재건정비법은 1946년 10월 18일에 공포되었다. 이 법은 회사경리조치법(이하, 경리조치법)(1946. 8) 및 전시보상특별조치법(이하, 보상조치법)(1946. 10)과 연동하면서 효력을 발휘하였다. 또한 기업재건정비법은 당시 일본 재벌의 지주회사제도를 금지하려는 목적의 지주회사정리위원회령(1946. 4), 독점금지법(1947. 4), 재벌의 독점지배력을 규제하려는 과도경제력집중배제법(1947. 12)과 함께 기업재건 정비정책의 일환으로 시행되었다. 그 내용과 시행 과정에 대해 기업의 재무구조 개선과의 관련에 초점을 맞추어 살펴보기로 한다.

전시보상 중단에 따른 응급조치로 시행된 경리조치법은 '1946년 8월 11일 오전 0시 현재 전시보상금 등의 교부를 받았거나 또는 교부받을 권리를 갖고 있거나 재외자산을 보유하는 회사 중 자본금 20만 엔 이상'인 특별경리회사가 채권채무가 정리되지 않은 상태에서도 운영이 가능하도록 조치한 것이었다. 즉, 구계정과 신계정을 설정하여, 정리되지 못한 채권채무액을 구계정에 편입시키고 그 시점 이후의 사업은 신계정을 통해 운영하도록 조치하였던 것이다. 이 법은 특별경리회사에 신구 계정의 구분을 결정하기 위해 "특별한 지시가 없는 경우에는 해당 회사의 임원 또는 간부 중 2명과 해당 회사의 구채권을 갖고 있는 자(법인인 경우는 대표자) 중 2명"에 의해 구성되는 특별관리인을 두게 하였다. 그 뒤 보상조치법, 기업재건정비법이 제정되어 전시보상의 정리결산에 대한 구체적인 내용이 정해졌다. 여기에서 보상조치법은 일본 정부의 공약에 의해 발생한 전시보상청구권을 전액 형식적으로 정부가 교부하지만, 동시에 청구권 전액에 대해 100%의 '전시특별보상세'를 부과하는 조치였다. 다만, 개인이나 중소상공업자에 대한 영향을 완화하기 위해 원칙적으로 1청구권마다 1만 엔의 공제를 인정하였다(大藏省理財局經濟課 編纂, 1947).

이에 대해 기업재건정비법은 "회사경리응급조치법의 적용을 받은 회사에 대하여 전시보상특별세를 부과하는 등의 조치로 인해 발생한 손실을 적절히 처리하여 신속한 재건정비를 촉진하고 이를 통해 산업의 건전한 회복과 진흥을 목적"으로 제정되었다. 이 법의 시행은 다음과 같이 진행되었다. 먼저, 특별경리회사로 지정된 시점(1946년 8월 11일 0시)을 기준으로 전시보상의 중단으로 발생한 손실액에서 이익금, 적립금 그리고 회사재산에 대한 평가 변화에 따른 차액금을 뺀 '특별손실액'을 계산한다. 다음에 이 특별손실의 부담액을 자본금 9/10에 상당한 금액까지 주주에게 부담시키지만, 특별손실액이 남으면 구채권의 7/10에 상당한 금액까지 채권자, 다음 자본금의 1/10에 상당하는 금액까지 주주, 다음 구채권의 3/10에 상당하는 금액까지 채권자에게 부담시킨다. 그리고 최종적으로 회사가 이 특별손실의 경리와 회사의 존속, 해산, 합병 등의 장래 계획과 기타 내용을 기재한 정비계획서를 작성하여 특별관리인의 승인을 받은 뒤 주무장관의 인가를 신청하게 된다. 이 정비계획의 인가를 받는 날에 해당 회사의 구채권이 소멸하거나 채권금액이 결정된다.

그러나 이 정비계획은 정해진 기간 내에 정비계획을 신청하지 않거나 불인가 처분을 받는 경우에는 주무장관이 해당 회사에 대해 해산명령을 내릴 수 있는 엄격한 처벌조치를 수반하는 것이었다. 한편, 이 정비계획의 신청기한은 원래 1947년 8월 말까지였지만, 자산평가 기준을 어떻게 정할 것인가를 둘러싼 문제가 발생하였고 재벌 해체 및 독점금지정책이 실시됨에 따라 1948년 이후로 연기되었다. 자산평가를 둘러싼 문제가 발생한 원인은 재산평가 변화에 따른 차액금은 손실액에서 뺀 금액이기에 평가금액이 높게 산정되면 일시적이라도 지불 중단에 의한 타격을 경감시킬 수 있었기 때문이었다. 실제로 일본 은행이 실시한 1947년 8월 4일의 중간집계에 따르면 특별경리회사 2,410개사의 특별손실액은 430억 4,800만 엔에 이르렀지만, 유동자산을 중심으로 한 평가액이 171억 6,800만 엔이었기 때문에 평가 변화 후의 총손실액은 260억 3,200만 엔이 되었다(通商産業省 編, 1985: 41-2).

2) 정부의 구조조정 방침과 대책

이상과 같이 기업재건정비관련법이 시행됨에 따라 각 기업의 구조조정에 미친 효과는 어떠하였고 정부의 방침과 대책은 또한 어떠하였을까? 그 내용은 정비관련법이 시행된 후인 1946년 11월 6일 일본 경제기획청의 전신인 경제안정본부 제1부 부부장이 제국은행의 강당에서 경제단체의 회원을 대상으로 실시하였던 '경제재건정비관련법령'에 관한 설명과 1946년 10월 9일 각료회의에서 결정된 '보상 중지로 인해 발생한 기업정비에 따른 노동대책'에서 확인할 수 있다.

먼저 정부는 당시 세간의 주목을 끌고 있는 구조조정 문제, 특히 인원정리 문제를 처음에는 기업정비계획의 기재사항으로 삽입하려고 했다. 하지만 인원정리 문제를 법률의 규정을 받는 정비계획에 명확히 삽입하게 되면 오히려 합리적인 기업 정비를 늦추는 결과를 초래할 가능성이 있다고 판단되어 정비계획에 직접 기재하지 않도록 하였다. 따라서 인원정리 문제가 기업재건정비법의 직접적인 대상으로 취급되지는 않게 되었다. 그렇지만 정부는 정비계획을 작성할 때 장래의 사업계획 또는 생산계획을 수립해야 하기 때문에 그 과정에서 당연히 노동자의 필요인원도 결정하게 되고, 정비계획을 실행하는 단계에서 실질적인 인원정리 효과를 거둘 것이라는 점을 인식하고 있었다. 또한 정부는 인원정리를 국민경제가 어떻게 하면 원활하게 운영할 수 있을까에 초점을 맞추는 것이지 기업의 채산 또는 경영에 초점을 맞추는 것이 아니었다.

그럼에도 불구하고 정부는 인원정리 문제가 결국에는 각 회사에서 노동조합과의 원활한 협의를 통해서 해결할 수밖에 없는 문제라고 판단하고 있었다. 따라서 정부는 인원정리 문제에 관하여 직접적으로 노사협의에 관여하지 않고 정비계획 시행을 통해 개입하였다. 정부는 또한 인원정리 과정에서 노동력의 수급불균형이 발생하지 않도록 배치전환 등의 방법을 활용하도록 유도하였다. 이상과 같이 정부는 인원정리 문제는 최종적으로는 노사합의에 따라 결정될 수밖에 없다는 실상을 잘 파악하였고, 직접적으로 구조조정에 개입하지 않더라도 결과적으로는 구조조정이 진행되리라 판단하고 있었다(經濟團體連合會 · 化學工業聯盟, 1946: 30-1).

이러한 정부의 구조조정, 특히 인원정리에 관한 방침은 각료회의에서 다음과 같이 구체화되었다([표 4-2]). 첫째, 경리조치법에 의해 설정된 신계정에 속하는 설비를 가동할 때 필요로 하는 인원을 될 수 있는 한 확보하고, 구계정에 속하는 설비관리에 필요한 인원도 최소한 확보하지만 그 이외의 인원은 정리

[표 4-2] 부흥기 정부의 구조조정 방침(1947)

항목		내용
기본방침	신계정	1. 가까운 장래에 예상되는 기업성장에 필요한 종업원은 신계정으로 이전하여 보존 2. 노동시간은 생산에 지장이 없는 한 기본시간 실노동 8시간까지 단축하고 만약 자재, 연료, 기타의 조건이 허락하면 종업원의 교대제에 의한 조업시간을 연장
	구계정	설비의 관리에 필요한 종업원은 잔존
기간		기업재건정비법 실시 이후 약 3개월 이내에 정리
차별금지		종업원을 정리할 때 국적, 신조, 사회적 지위 또는 부양가족의 다수로 인한 차별적 취급을 해서는 안 됨. 또한 종업원이 노동조합원이 되는 것, 노동조합의 지도자가 되는 것 또는 정당한 조합활동을 했음에도 불구하고 해고해서는 안 됨.
공정성		회사는 해고의 범위, 순서 등 해고의 구체적 기준을 문서를 통해 노동조합 기타의 종업원의 총의를 대표하는 자 또는 경영협의회가 있는 경우 이 협의회에 제시하고 그 의견을 청취하여 가능한 한 합리적이고 이해를 얻을 수 있도록 해야 함.
노사합의		중앙경제재건정비위원회 위원에 노동 대표를 참가시켜 기업정비 재건계획에 그 의견을 반영
퇴직금		인원정리된 종업원에 대한 퇴직금 지급의무

자료: 戰後經濟政策資料硏究會 編(1996).

할 것, 둘째 사용자는 인원정리를 노사협의기구를 통해 노동 대표와 협의한 뒤 공정한 기준에 의해 실시할 것, 셋째 기업재건 정비계획에 노동 대표의 의견을 반영할 것, 넷째 퇴직금을 정부의 지도에 따라 지불할 것 등이었다. 이 가운데에서 셋째의 정비계획에 '노동 대표의 의견을 반영'한다는 방침은 1947년 10월 21일 각료회의에서 '노동조합의 이의제기 신청을 인정'한다는 방침으로 바뀌었다(宮崎正康, 1983: 743). 이러한 방침이 공인되었다는 것은 당시 최대의 내셔널센터인 산별회의와 총동맹이 정부에 요구한 '노동조합에 의한 정비계획의 승인'보다는 후퇴한 형태였지만, 제2차 세계대전 후 노동조합법의 제정으로 공인된 노동조합이 구조조정을 둘러싼 노사관계에 있어서도 사용자와 공식적인 협의의 상대로서 인정되었다는 의의를 가지는 것이다.

인원정리 후의 대책에 대해 정부는 인원정리 대상자에게 다른 산업에 취직을 알선하든가, 그것이 불가능한 경우에는 60억 예산을 사용하여 공공사업을 시행하기로 하였다. 구체적으로는 인원정리 대상자의 임금 등을 회사의 자금으로 충당하기 어려울 경우에는 해당 기업의 거래금융기관에서 융자받게 하고, 거래금융기관에서 융자가 불가능할 경우에는 특수은행인 부흥금융금고에서 담보융자하게 하였다. 또한 퇴직금 조달이 불가능한 기업에 대해서는 조달가능한 금액을 제외하고 퇴직자 1인당 1,000엔의 비율로 계산한 금액을 한도로 국고에서 조달하게 하였다. 이러한 정책은 계속된 노동쟁의에 의해 신속하게 진행되지는 못했지만, 1948년 10월 13일 연합군사령부 GHQ가 임금3원칙을 발표한 이후 급격하게 진행되었다. 임금3원칙의 내용은 다음과 같았다(大河內一男 編, 1966: 114). 첫째, 임금 인상을 목적으로 하는 산업보조적인 긴급융자는 새로운 재원이 확보될 경우에 한하여 지출할 수 있다. 둘째, 임금 인상에 의해 발생한 적자를 보충하기 위한 융자는 불허한다. 셋째, 일반물가 수준에 영향을 줄 수 있는 임금 인상은 불허한다. 이러한 임금3원칙이 발표됨에 따라 임금 지불을 위한 기업에의 융자는 중지되고, 금융압박이 가중된 기업에서 인원정리가 급속하게 진행되기 시작하였다. 더욱이 이렇게 진행된 인원정리는 본격적인 디플레이션정책으로 평가되는 1949년의 닷지라인(Dodge Line)에 의해 가속화되었다(中村隆英, 1993: 155).

그렇다면 기업재건 정비정책에 대해 사용자의 이익을 대변하는 사용자단체와 노동자의 이익을 대변하는 노동자단체는 어떻게 대응하려 했을까?

닷지라인(Dodge Line)

미국을 중심으로 하는 연합국은 다시는 전쟁을 일으키지 못하도록 일본을 농업국으로 전환하려는 당초의 계획을 변경하여 노동생산성 향상과 수출 확대를 통해 일본의 재건을 계획하였다. 이러한 미국 정부의 새로운 정책은 맥아더에 전해져 GHQ가 '경제안정9원칙'이라는 형태로 일본 정부에 전달되었다. 이러한 9원칙은 재정지출 삭감과 세금 징수를 강화하여 종합 예산의 엄격한 균형을 유지하고 임금안정계획, 물가통제 강화, 배급제도 효율화 등을 통해 대외경제 관계를 안정시킬 수 있는 단일환율 성립을 위한 기반을 마련하려는 것이었다. 이 경제안정9원칙은 디트로이트은행장 출신으로 맥아더의 재정고문이었던 닷지에 의해 추진되기 시작했다. 그 내용은 일본 정부와 GHQ의 기대 이상 어려운 것으로, ① 초균형재정을 편성하여 보조금을 삭감하고, ② 부흥금융금고의 신규 대출을 중단하고 국가자금에 대한 의존도를 낮추며, ③ 단일환율을 설정하고 세계시장에 편입하여 미국 원조에서 탈피하려는 것이었다.

자료: 大原社會問題硏究所 編(1951); 大原社會問題硏究所 編(1995) 데이터베이스.

3. 노사단체의 대응

1) 사용자단체

제2차 세계대전 직후 일본의 경제 · 경영자단체로는 한국의 전국경제인연합회(전경련)에 해당하는 경제단체연합회(케이단렌), 한국경영자총협회(경총)에 해당하는 일본경영자단체연맹(닛케이렌), 상공회의소, 경제동우회가 있었는데, 이 단체들은 최근까지 동일한 조직으로 활동해 왔다([그림 4-1]). 케이단렌은 1946년에 일본산업협의회, 금융단체협의회, 일본상공경제회, 상공조합중앙회, 일본무역단체협의회를 기반으로 조직되었는데, 1952년에 업종별 종합경제단체로서 재편되었다. 케이단렌은 종합적 경제정책 실시에 대한 의견을 제시하는 등의 활동을 계속하여 경제계 최고의 지위를 지켜 왔다. 상공회의소는 일본에서 가장 오래된 경제단체이었지만, 패전 후인 1946년에는 케이단렌의 하부기

[그림 4-1] 경제 · 경영자단체 조직의 변천

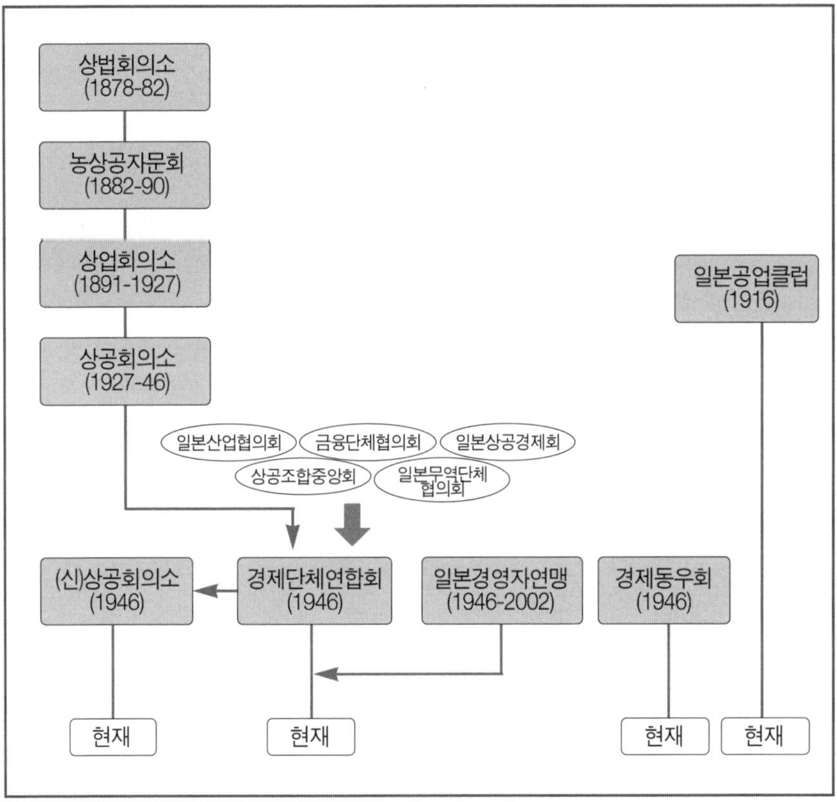

자료: 永田正臣(1956), 280-6.

구로 출발한 뒤에 1952년에는 케이단렌에서 독립하여 지역별 종합경제단체로서 재출발하였다. 닛케이렌은 1948년 사용자측의 노동운동 대책기관으로 설립된 후 자주적인 노동대책을 확립하고 노동3법과 노동행정 등에 대해 의견을 제시하는 활동을 전개하였다. 한편, 가입자격이 회사조직이 아닌 경영자 개인인 경제동우회는 1946년 노동운동이 고양되는 등 객관적 정세의 변화에 대응하고 노사 간의 협조를 확보하려는 신수정자본주의 체제의 확립을 목적으로 설립되었다(永田正臣, 1956: 282-6). 이하에서는 경제단체인 케이단렌과 경영자단체인 경제동우회가 일본 정부의 구조조정정책에 대해 제시한 견해를 살펴보기로 한다.

먼저, 케이단렌은 '전후경제재건정비에 관한 조치의 대강'(이하, 대강)이 각료회의에서 결정되기 전인 1946년 6월 17일에 이미 산업부흥대책위원회를 구성하여 '군수회사 등에 대한 국가보상의 처리 및 기업경리대책에 관한 의견'을 관계당국에 건의하였다. 즉, 케이단렌은 군수회사 등에 대한 국가보상을 합리적 견지에서 신중히 처리하는 방침에 입각하여 당분간 처리를 연기할 것을 건의하였다. 또한 케이단렌은 이에 따라 회사의 '비활동자본' 및 이것에 대응하는 금융기관의 대부금 등도 당분간 연기하여 일본 경제가 부흥한 뒤에 이것들을 서서히 정리하는 방안을 수립해야 할 것이라는 의견도 제시하였다. 한편, 케이단렌 구성단체의 하나였던 일본산업협의회는 '대강'이 결정된 후에 정부의 보상 문제에 대한 태도가 처음부터 마지막까지 투명성을 결여하였다고 비판하였다. 그럼에도 불구하고 산업협의회는 이렇게 정부의 정책이 결정된 이상 각 기업이 일본 경제 재건의 중심적 역할을 수행해야만 한다고 역설하였다(日本産業協議會理財部, 1946년 8 · 9월 합병호, 28-30).

한편, 경제동우회는 1946년 7월 11일에 '국가보상 처리에 관한 성명'을 통하여 먼저 실물경제를 뒷받침하지 못하는 의제(擬制)자본이 여전히 남아 있어, 패전과 동시에 당연히 정리되어야 할 기업이 존속하고 있는 것은 매우 불합리하고 일본 경제의 재건을 방해하는 요인이기도 하다고 지적하면서, 전시보상 중지에 대해서는 기본적으로 찬성한다는 의견을 제시하였다. 그렇지만 경제동우회는 일본 정부가 전시보상 전면 중지라는 미증유의 정책을 과연 어떻게 사회적 · 경제적 질서의 혼란을 막으면서 시행할 수 있을지에 대한 우려를 나타냈다. 또한 광범위한 구조조정의 산물인 대량의 실업자에 대한 대책을 위해 정부에게 충분한 예산 준비를 요구하였다(經濟同友會, 1951: 34-6).

2) 노동자단체

패전 직후 일본의 전국노동단체(내셔널센터)로는 전일본산업별노동조합회의(산별회의)와 일본노동조합총동맹(총동맹)이 있었다([그림 4-2], [그림 4-3]). 산별회의는 '공동투쟁기관, 정당지지 자유, 노조의 권력집중 배제, 간부에 대한 비판의 자유'라는 규약을 기초로 1946년 8월에 21개 조합 155만 9,619명에 의해 결성되었다. 산별회의는 일본 전국 조직노동자 41% 이상의 조합원으로 구성된 당시 최대 규모의 전국노동단체였다. 그렇지만 산별회의가 노동운동의 주도권을 장악한 시기는 결성으로부터 4년 후인 1950년까지에 불과하였다. 한편, 총동맹은 '자본가계급을 타도하고 전선의 분열을 획책하는 좌익소아병 환자의 망동을 봉쇄'한다는 운동 방침에 기초하여, 1946년 8월에 일본 전국조직노동자의 22%에 해당하는 1,699개 조합, 85만 5,399명에 의해 결성되었다(National Center史研究會 編, 1985: 86-9; 法政大學大原社會問題研究所 編, 1995: 437-9; 神代和欣 · 連合總合生活開發研究所 編, 1995: 578).

산별회의는 정부의 기업재건 정비정책이 자본가의 해고 및 저임금정책을 합법적으로 대규모 구조조정을 진행시키는 정책이며, 그 가운데 진행되는 기업정비란 한마디로 말하면 해고와 저임금에 의한 기업의 재건이라는 견해를 갖고 있었다. 이러한 견해를 갖고 있었던 산별회의는 '기업재건 정비계획은 노조의 승인을 얻어 제출'하도록 하는 단체협약을 성립시키는 것이 선결 문제라고 판단하여 기업재건 정비정책을 받아들이는 조건으로 노동조합에 의한 기업재건 정비계획의 승인을 요구하였다(産別記念會 編, 1973: 115).

총동맹은 패전 직후의 일본 경제를 재건하기 위해 기업정비가 필요하다는

[그림 4-2] 노동조합 전국조직의 변천(전전)

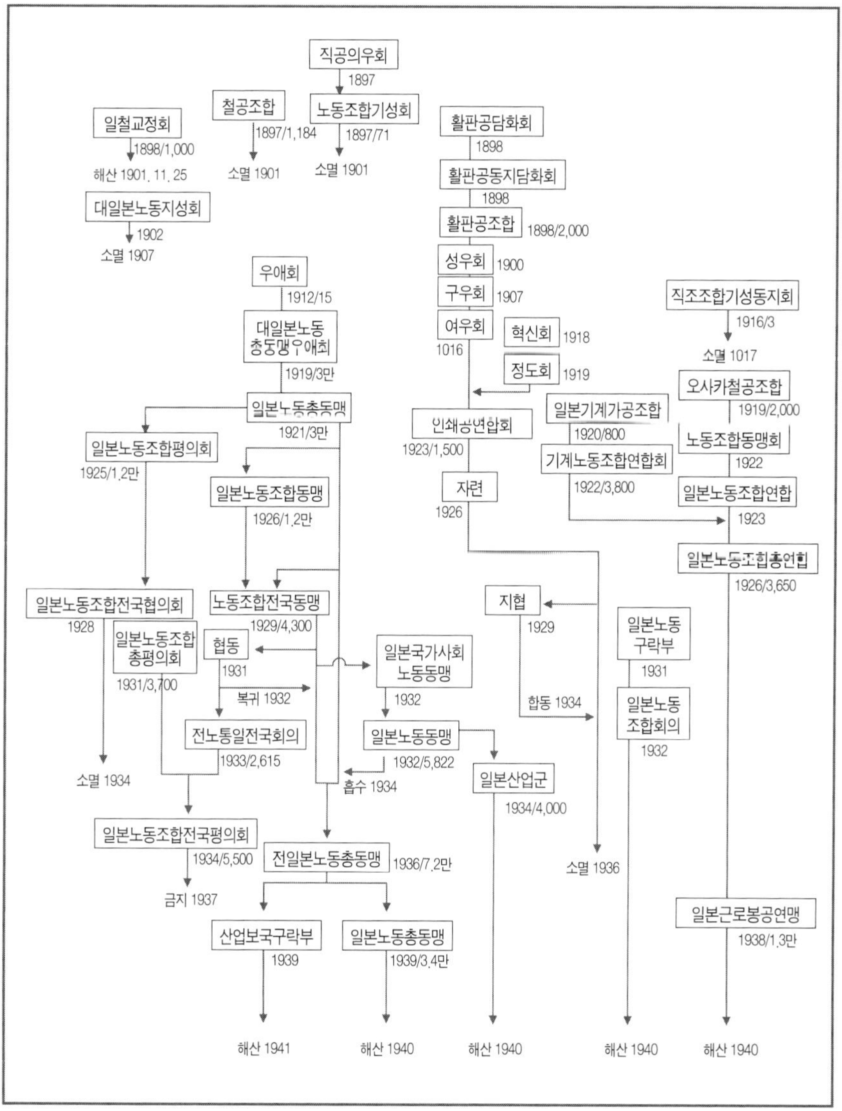

주: 각 조직 아래의 숫자는 설립연도/참가인원.
자료: 岩崎馨 編著(2012)(임채성 엮음, 2013: 327 재인용); 大河內一男 · 松尾洋(1965b).

[그림 4-3] 노동조합 전국조직의 변천(전후)

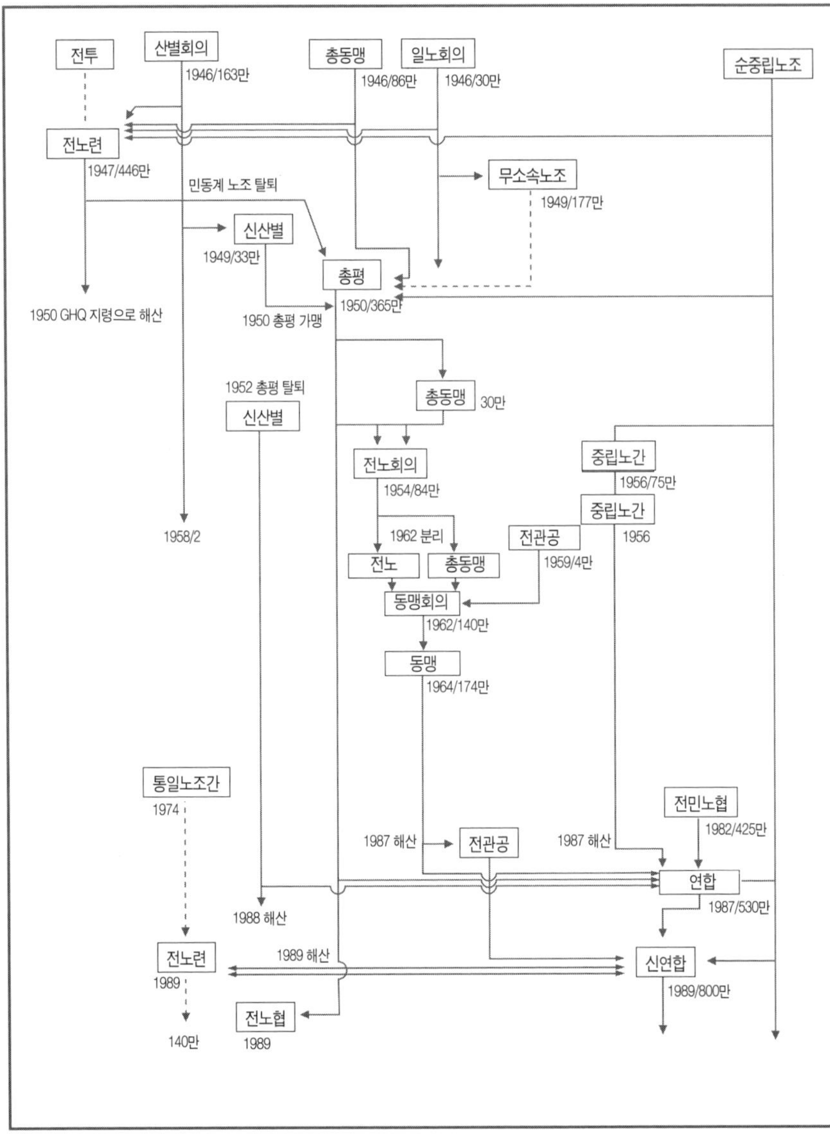

자료: 神代和欣 · 連合總合生活開發硏究所 編(1995), 578.

것을 인정할 수밖에 없기에, '의제(擬制)자본'이 처리되어야 하지만 '의제노동'도 마찬가지로 처리되어야 한다는 입장이었다. 한편, 총동맹은 노동자의 일방적인 희생에 의해 기업의 경영안정을 꾀하려는 자본가에 대해 비판하고 정비계획안이 자본가만에 의해서만 작성되는 것을 반대하였다. 즉, 총동맹은 정비계획안을 노동조합이 승인하는 과정을 거치는 방식으로 노동자도 정비계획 입안 과정에 참가해야 한다는 입장을 표명하고 있다(古賀專, 1947, 135-8). 이상과 같은 유사한 입장을 갖고 있던 산별회의와 총동맹은 1947년 9월 7일에 정부에 '정비계획안은 노동조합의 승인을 얻도록 법적 조치할 것'이라는 내용을 추가하도록 기업재건정비법의 개정을 연명으로 요청했다(古賀專, 1947: 141).

이상과 같이 경제 · 경영자단체와 노동자단체는 각각의 입장이 있었음에도 불구하고 일본 경제를 재건해야 한다는 위기의식을 공유하였기 때문에 기

[그림 4-4] 부흥기 일본의 구조조정정책과 노사정관계

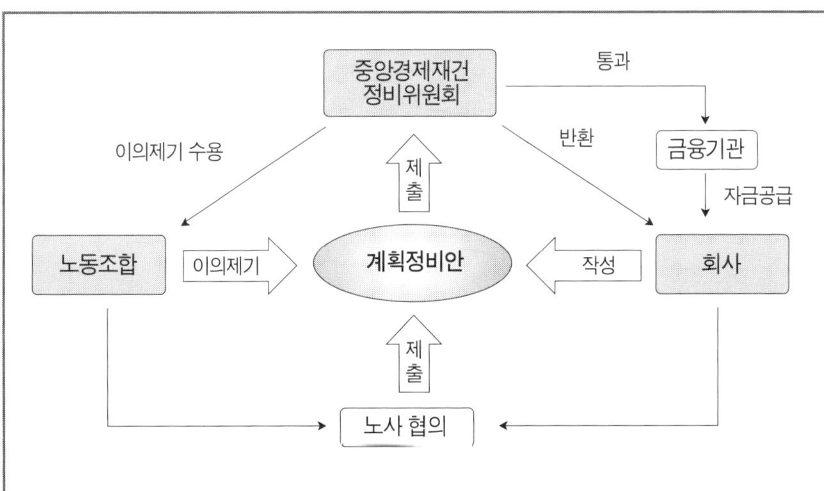

자료: 본문 참조.

업재무구조의 개선과 과잉노동력의 정리를 주요 내용으로 하는 정부의 기업재건 정비정책을 받아들였다. 그렇지만 노동자단체는 그 정책을 받아들이는 조건으로 기업재건정비법의 개정, 즉 경영자측이 작성한 기업재건 정비계획안을 노동조합의 승인을 얻은 뒤에 정부에 제출할 것을 요구하였던 것이다. 앞에서 살펴본 바와 같이 이러한 노동자단체의 요구는 최종적으로 그대로 받아들여지지는 않았지만, 정부에 의해 노동조합의 정비계획안에 대한 이의제기 신청이 인정되었다.

이상과 같이 기업재건 정비정책과 구조조정의 과정을 통해 살펴본 부흥기 일본의 구조조정정책과 노사정관계는 [그림 4-4]와 같이 정리할 수 있다.

제5장

구조조정의 방침과 기준

제5장

구조조정의 방침과 기준

이상과 같이 노사가 위기의식을 공유한 가운데 전개된 기업재건 정비정책은 어느 정도의 효과를 발휘했을까? 전체 고용량의 변화를 중심으로 살펴보기로 한다.

1. 구조조정의 추이

1) 쇼와공황기와의 비교

먼저 쇼와공황기와 부흥기를 비교하며 전체 종업원 수의 변화를 살펴보기로 한다([그림 5-1]). 패전 직후인 1945년을 제외하면, 1929-31년과 1949년에 급격히 감소한다. 1929년, 1930년, 1931년의 각 전년도 전체 종업원 수의 증감률은 −3.6%, −8.8%, −1.8%였다. 반면 1949년의 전년도 전체 종업원 수의 증감률은 −7.7%였다. 그러나 이러한 1949년의 감소는 1948년의 전체 종업원 수가 1942년과 비교해 22.4% 감소한 뒤에 더욱 감소한 것이었다. 즉, 패전 직후 부흥기의 구조조정은 노사 모두에게 쇼와공황기보다 더 어려운 상황에서 이루어진 것이다. 이하에서는 규모별, 산업별, 신분별 종업원 수의 변화를 중심으로 쇼와공황

[그림 5-1] 고용조정의 장기추이(제조업, 1919-58)

(단위: 천 명)

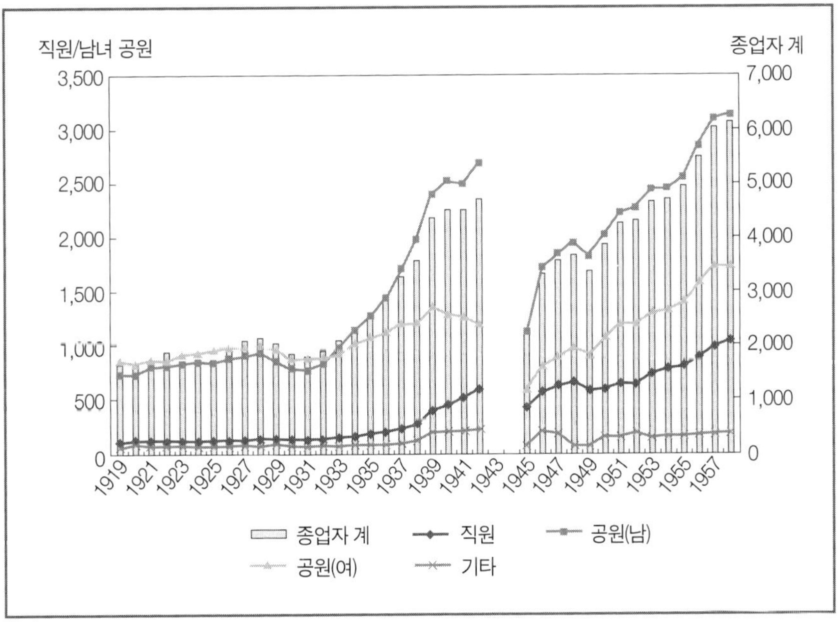

주: 1919-47년은 5인 이상, 1948-58년은 4인 이상의 사업소.
자료: 通産省 編(1961), 2306.

기와 비교하며 부흥기 구조조정의 특징을 살펴보자 한다.

첫째, 규모별 종업원 수의 증감률을 비교하여 보자. 대규모 사업소(1,000명 이상)에서 1929년, 1930년, 1931년 및 1949년의 전년 대비 증감률은 각각 -17.3%, -34.9%, -4.8%, 2.1%이며, 중소규모 사업소(50-999명)는 각각 -0.6%, -3.1%, -2.2%, -8.9%였고, 소규모 사업소(4/5-49명)는 각각 2.2%, -1.1%, 0.0%, -11.4%였다. 즉, 쇼와공황기의 구조조정은 주로 대규모 사업소에서 시행되었지만 1949년의 구조조정은 주로 중소규모 사업소에서 시행되었다. 그러나 1948년 현재 대규모 사업소의 종업원 증감률은 -52.6%였고, 1942년에 비해 1948년 현재 중규모 및 소규모 사업소의 종업원 증감률은 각각 -2.3%, -12.2%였다. 따라서 쇼와공황기와 부흥기 모두 대규모 사업소를 중심으로 구조조정이 이루어졌지만, 부흥기는 패전 직후에 먼저 대규모 사업소를 중심으로 진행된 후 1949년에 중소규모 사업소를 중심으로 진행되었던 것이다.

둘째, 산업별 종업원 수의 증감률을 비교하여 보자. 경공업(식료품, 방직)과 중화학공업(화학, 기계기구)의 중요 산업을 중심으로 검토하기로 한다. 식료품산업의 1929년, 1930년, 1931년과 1949년의 전년 대비 증감률은 각각 -11.5%, -3.5%, -3.6%, 13.0%이었다. 쇼와공황기에는 먼저 크게 감소한 뒤 더욱 감소하지만 1949년에는 증가했다. 방직산업은 각각 1.1%, -9.9%, -1.0%, -0.4%이며, 쇼와공황기의 첫 해인 1929년에는 감소하지 않고 1930년에 크게 감소했으나 1949년에는 소규모로 감소했다. 반면, 화학산업은 각각 5.6%, -2.9%, 4.8%, -5.4% 감소했으며, 쇼와공황기에는 1930년에만 소규모로 감소했고 1949년에는 1930년에 비해 2배 가까이 감소했다. 기계기구산업은 각각 -20.2%, -12.7%, -6.7%, -18.5% 감소했다. 기계기구산업의 종업원 수는 두 시기 모두 크게 감소했지만, 그 변화는 1931-42년에 10배 이상 증가했고 1948년에는 1942년에 비해 -51.5% 감소한 뒤 1949년에 -18.5% 추가 감소하는 격심한 것이었다. 이상과 같이 산업별로 살펴본 부흥기 구조조정의 특징은 쇼와공황기에 비해 주로 중화학공업 부문에서 이루어졌다고 할 수 있다.

셋째, 신분별 종업원 수의 증감률을 비교하여 보자([그림 5-1]). 1929년, 1930년, 1931년 및 1949년 직원의 전년 대비 증감률은 각각 2.6%, -5.3%, -2.8%, -12.7%이며, 남자공원은 각각 -9.9%, -6.9%, -2.7%, -6.4%였다. 또한 여자공원은 각각 -1.8%, -8.5%, 0.1%, -7.2%이며, 그 밖의 종업원은 각각 42.1%, -31.7%, 10.3%, -3.0%였다. 신분에 관계없이 모든 종업원이 두 시기에 크게 감소하지만, 여기에서 무엇보다도 주목해야 할 것은 직원의 감소율이 쇼와공황기보다 부흥기에 컸던 점이다. 이러한 사실은 전전에 비해 전후에 직원(화이트칼라)과 공원(블루칼라)의 고용보장의 격차가 줄어들었다는 것을 의미하는 것이다.

2) 산업별, 신분별 추이

이상과 같이 부흥기의 구조조정은 쇼와공황기에 비해 중화학공업을 중심으로 패전 직후에 대규모 사업소에서 주로 전개된 뒤에 중소규모 사업소에서 전개되었다. 또한 1949년의 구조조정의 대상은 직원에 집중되었다. 이하에서는 이러한 특징에 유의하면서 그 내용에 대해 보다 구체적으로 살펴보기로 한다.

첫째, 패전 직후부터 1946년까지 각 산업의 형태별, 신분별 구조조정 실태를 케이단렌 구성단체의 하나였던 '일본산업협의회'가 작성한 자료에 의거하여 살펴보기로 한다([표 5-1]). 이 자료는 일본산업협의회가 1946년 9월 21일에 업종별 34단체에 조회하여 21단체로부터 답변을 받은 '각 산업 부문의 정리예정 인원조사'에 기초하여 만들어진 것이다(『日産協月報』, 1947년 2월호, 28-9). 먼저 패

[표 5-1] 부흥기 산업형태별, 신분별 인원정리(1945. 8-1946. 8)

(단위: 인, %)

		철강 (138사)		산업기계 (732공장)		전기기계 (54사)		통신기계 (74사)		화학 (206사)		계	
형태별	징용해제	102,355	34.7	24,891	17.6	21,987	18.0	15,909	17.0	12,367	15.1	183,331	29.9
	자발퇴직	3,842	1.3	0	0.0	27,809	22.8	20,926	22.3	14,998	18.3	61,773	10.1
	비자발퇴직	3,330	1.1	49,783	35.1	22,007	18.0	36,069	38.5	16,675	20.3	110,064	18.0
신분별	기술가	6,403	53.4	1,117	17.6	4,207	48.0	4,094	57.1	965	12.3	19,515	41.2
	직원	28,116	59.8	5,484	28.8	6,936	49.4	8,807	55.6	5,503	30.2	108,570	54.4
	공원	142,579	60.4	68,073	58.5	60,660	61.0	44,737	63.3	16,132	28.8	271,521	45.2

주: 1) 공원(징용공 일부 포함), 2) 형태별 수치는 형태별 정리인원/총취업인원(패전 직전), 신분별 수치는 신분별 정리인원/신분별 인원(패전 직전).
자료: 日本産業協議會(1947. 2), 28-30.

[그림 5-2] 부흥기 전 산업 및 제조업 입퇴직률(30인 이상 사업소, 1947. 1-1950. 12)

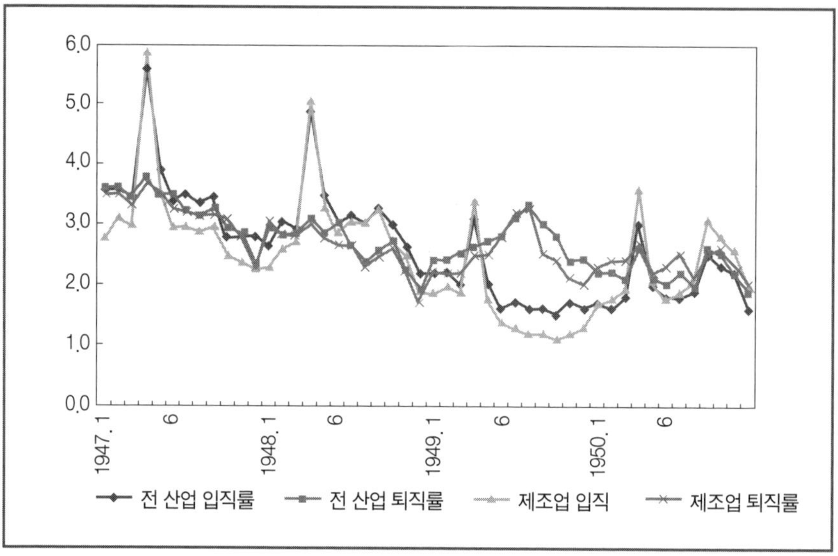

자료: 勞動省大臣官房勞動統計調査部, 『勞動統計調査年報』, 각 연도.

전 직후 각 업종의 형태별 인원정리의 내용을 보면 철강에서는 징용해제가 대부분을 차지하고 있었지만, 산업, 전기, 통신, 기계, 화학에서는 사업계획(비자발적 퇴직)에 의한 것이 비교적 많았다. 패전 직후부터 1946년 8월까지 각 업종의 신분별 인원정리 내용을 보면 철강과 화학에서는 직원과 공장직원의 구성 비율이 거의 동일했지만, 산업, 전기, 통신기계 부문에서는 직원보다 공원의 정리 비율이 높았다.

둘째, 1947년부터 1949년까지 전 산업과 제조업의 월별 입직률 및 퇴직률을 살펴보면 전체적으로는 전 산업과 제조업에서 유사한 경향을 보이고 있다([그림 5-2]). 입직률은 정기채용을 실시하는 매년 4월에 급격히 늘어나는 것이 특징이지만, 1947년부터 1948년에 그 비율이 낮고 1949년에는 크게 낮아진다. 퇴직

[표 5-2] 월별 인원정리(1949)

(단위: 인, 개소)

월	2	3	4	5	6	7	8	9	10	11	12	계
인원 수	7,480	15,349	26,295	31,911	40,840	99,629	73,546	44,264	33,552	32,468	30,132	435,466
(비율)	34.3	32.0	51.3	38.3	43.4	80.3	55.3	41.3	44.9	50.3	37.9	49.4
사업소 수	218	479	513	833	941	1,241	1,330	1,071	748	645	795	8,814

주: 2월은 1월 일부 포함.
자료: 大河内一男 編(1966), 139(원자료는 勞動省勞動市場調査課, 企業整備狀;況).

[표 5-3] 산업별 인원정리(1949. 2-1950. 3)

(단위: 인, 건)

	제조					광업	건설	운수통신	기타	계
	금속	기계기구	화학	기타	소계					
해고자 수	37,360	155,345	49,172	82,974	324,851	41,382	15,282	88,425	42,530	512,470
(비율)	11.5	47.8	15.1	25.5	63.4	8.1	3.0	17.3	8.3	100.0
정비건수	785	2,800	1,216	3,573	8,374	740	344	779	969	11,206

주: 노동성 조사.
자료: 經濟安定本部, 「經濟現況報告」, 1950년도판, 48-9.

률은 1947년부터 1948년까지 낮아지고 있지만, 1949년 1월부터 같은 해 8월까지 급격히 상승한 뒤에 낮아지고 있다.

셋째, 급격하게 진행된 1949년의 구조조정 내용을 자세히 살펴보기로 한다. 노동성의 조사에 따르면, 같은 해 2월부터 8월까지 인원정리를 실시한 사업소와 정리인원이 급격히 늘어난 뒤에 줄어들고 있어 퇴직률의 동향과 일치한다([표 5-2]). 1949년 2월-1950년 3월의 산업별 인원정리를 살펴보면, 인원정리 비율은 제조업에서 가장 높고, 운수통신, 기타 산업 및 광업 순서로 낮았다([표 5-3]). 제조업의 인원정리는 전시기에 크게 확대되었던 기계장비산업에서 집중적으로 이루어졌다.

이상과 같이 부흥기의 구조조정은 패전 직후에 급격히 진행된 뒤에 1948년까지 점진적으로 이루어졌으나, 1949년에 또 한 번 급격히 진행된 것이다. 그러나 이러한 사실은 이미 언급한 제조업자 수가 1945년부터 1948년까지 증가한 것([그림 5-1])과는 다른 양상이었던 것이다. 이것은 각 기업이 구조조정을 실시하면서도 패전에 의해 식민지를 비롯한 해외지사에서 돌아온 종업원을 받아들였기에 발생한 현상이었다. 즉, 부흥기 각 기업에서는 귀환자의 복귀와 인원정리가 반복하여 이루어진 것이다. 부흥기의 귀환자 수는 패전 직후부터 1946년까지 510만 명, 1947년까지 74만 명, 1948년까지 30만 명으로 1976년까지 모든 귀환자 수 629만 명의 97.7%에 이르렀다(厚生省援護局 編, 1978: 689-90). 1950년의 국세조사(國勢調査) 분석에 의하면, 1945년 11월부터 1년간 339만 명의 사회적 증가가 발생했고, 1950년 현재 귀환자의 완전실업률은 2.4%로, 비귀환자 즉 국내 거주자의 1.9%에 비해 다소 높았다(尾高煌之助, 1996: 138-9).

이러한 상황에서 구조조정은 기계산업과 화학산업을 중심으로 중화학공업 관련 대규모 사업소에서 패전 직후에 급격하게 진행된 뒤에 1949년에 다시 급격하게 진행된 것이다. 여기에서 신분별 인원정리 실태가 주목할 만하다([그림 5-1]). 1945년 현재 직원의 1942년에 대한 증감률과 1946년, 1947년, 1948년, 1949년의 전년 대비 증감률은 각각 −29.7%, 36.5%, 10.4%, 4.8%, −12.7%이며, 남자공원은 각각 −58.3%, 53.7%, 7.2%, 5.2%, −6.4%였다. 또한 여자공원은 각각 −51.0%, 36.6%, 11.4%, 9.2%, −7.2%이며, 그 밖의 종업원은 각각 −69.9%, 198.4%, −7.3%, −62.1%, −3.0%였다.

즉, 1945년에 기타 부문의 종업원을 가장 많이 정리한 뒤에 남자공원과 여자공원을 정리했지만, 직원은 평균감소율 −53.3%로 절반 정도를 정리하였다. 1946년에는 기타 부문의 종업원이 2배 가까이 늘어나지만 1947년과 1948년에는 기타 부문의 종업원만 감소한다. 한편, 1949년에는 직원이 평균증감률 −7.7%보다 1.7배 감소하고 있는 점을 주목할 필요가 있다. 즉, 제조업의 전체 직원은

1942년 현재 60만 명으로 1919년 10만 명보다 6배 증가했음에도 불구하고, 패전 직후에 다른 신분보다 소폭 정리하며 기타 종업원 중심으로 인원정리를 실시한 결과, 1949년에 대폭적으로 정리하지 않을 수 없었던 것이다.

3) 기업별 현황

부흥기의 구조조정은 중화학공업을 중심으로 패전 직후 대규모 사업소에서 급격히 진행된 뒤에 1946년에는 중소규모 사업소에서 진행되었다. 그 후 1948년까지 점차적으로 이루어졌지만 앞에서 살펴본 바와 같이 1946년 이후 시행되고 있던 일본 정부의 기업재건 정비정책이 임금3원칙의 발표와 강력한 재정긴축정책이었던 닷지라인 실시 후 그 효력을 발휘하여 1949년에 대폭적인 인원정리가 실시되었다.

1949년 이후 국철 및 공무원을 포함한 각 기업의 인원정리 현황을 보면, 행정조직에 의해 국철 및 공무원의 인원정리가 대폭적으로 이루어진 것은 말할 필요도 없지만, 이미 살펴본 바와 같이 화학 및 기계기구 관련 산업인 기계, 전공, 자동차, 차량산업의 각 기업에서 대폭적인 인원정리가 실시되었다([표 5-4]).

2. 일본경영자단체연맹의 구조조정 방침과 기준

노동운동 대책기관으로 설립된 일본경영자단체연맹(닛케이렌)은 당시 각 기업의 구조조정을 주도했다. 닛케이렌은 1947년 12월 10일 의견서를 정부에 제출했다(經營者團體連合會, 1947. 12).

이 의견서에서 닛케이렌은 “현재 기업경영은 기업의 해체, 새로운 가격체

[표 5-4] 부흥기 기업별 인원정리 현황(1950년 10월 현재)

(단위: 명)

산업별	사업소명	실시월	정리인원	사업소명	실시월	정리인원
기계	미츠이정기	1949. 2	650	민세이디젤	1949. 10	1,000
	닛본경금속	1949. 5	724	히다치제작소	1950. 5	5,555
	미츠시비중공업	1949. 6	2,000	후지공업	1950. 9	520
전기	오키전기	1949. 4	1,817	도시바전기	1949. 7	4,581
	닛본전기	1949. 4	3,569	후지통신기	1949. 7	1,490
	미츠시비전기	1949. 5	1,700	니혼통신공업	1949. 8	300
철강	다이도제강	1949. 3	3,000	니혼제강소	1949. 6	2,350
	후소금속	1949. 6	2,350	나가사키제철	1950. 8	369
자동차	이스즈자동차	1949. 9	1,279	도요타자동차	1950. 5	1,600
	닛산자동차	1949. 10	2,000			
화학	산쿄제약	1949. 2	300	쇼와전공	1949. 11	2,868
	닛본시멘트	1949. 5	1,314	닛본소다	1950. 3	930
	토요합성	1949. 5	659	미츠이화학	1950. 3	1,540
	와카모토	1949. 5	355			
차량	기차회사	1949. 5	1,521	테이코쿠차량	1949. 7	403
	가와사키차량	1949. 5	1,700	닛본차량와라비(蕨)	1949. 9	360
	도시바차량	1949. 7	580	히다치카사도(笠戶)	1950. 5	850
	긴키차량	1949. 7	620	니이가타철공	1950. 7	660
조선	하코다테도크	1949. 9	205	가와사키중공업센슈(泉州)	1949. 9	1,200
		1950. 7-9	966	타마노조선	1949. 10	32
전선	니혼무선	1948. 11-1	379	후루카와전공	1949. 7	1,400
		1949. 8	184		1950. 4	950
				토니치무선	1950. 5	235
식품	닛본냉장	1949. 10	1,077	닛본수산	1950. 6	1,151
광업	후루카와공업아시오(足尾)	1950. 7	482			
국철/공무원	국철	1949. 7	94,773	일반공무원	1949. 6-9	43,727
	전국체신	1949. 7	26,500	지방공무원	1949. 9	9,948
계						232,673

자료: 歷史學硏究會 編(1997), 221-2.

계의 유지, 자금자재의 압박, 동력(動力)의 부족, 임금 앙등(昻騰) 및 기타 노동기준법의 실시 등에 의해 그 존립기반마저 흔들리고 있다. 이 위기를 타개하는 길은 경영자와 노동자가 패전일본의 현실을 철저히 인식함과 동시에 생산부흥에 매진하여 기업합리화에 의한 경영건전화를 도모하는 것밖에 없다"라고 하면서, 일본 경제를 부흥시키기 위해서는 노사가 각 기업에서 '합리화'를 추진해야 한다고 강조했다. 또한 "우리는 기업정비를 일방적으로 근로자의 희생으로 실시하려고 하는 것이 아니라 근로자와 진정으로 협의하여 경영 전면에 걸쳐 철저한 합리화를 민주적 방법에 의하여 실행하려고 한다"고 하면서, 어디까지나 경영자는 노동자와의 합의를 통해 '합리화'를 실행해야 한다고 표명하고 있다.

한편, 정부의 역할에 대해서는 "정부는 개별 기업의 재건정비가 무질서하고 무계획적으로 진행되지 않도록 일본 경제의 전망을 고려하면서 적절히 지도하는 것과 동시에 그 추진을 도모하기 위해 신속히 행정정리(정부기관 및 공공기관의 구조조정)를 단행하여 솔선하는 모범을 보이고 가능한 한 기업정비의 원활화를 위해 각 개별 기업에서 불가피하게 생기는 과잉인력은 배치전환, 직업보도(補導), 실업수당 및 실업보험, 공공사업 실시 등 수용체제의 정비조치를 강구하도록 요구하는 바이다"라고 각 기업의 구조조정이 이루어지는 과정에서 지도함과 동시에 행정정리를 통해 모범을 보이고 실업대책의 수립을 요구했던 것이다.

이와 같이 닛케이렌은 구조조정 과정에서 노사 간의 협의원칙과 정부 역할에 관한 기본원칙을 표명한 뒤, 1949년 3월 각 기업에게 구조조정을 실시할 때의 기본적인 자세, 노동조합과 협상할 때의 대처, 경영자 간의 단결 및 정부와의 협력, 인원정리 기준 등의 구체적인 방안을 제시했다(大河內一男 編, 1966: 139-40).

닛케이렌은 각 기업이 구조조정을 시행할 때의 자세에 대해 "정리를 할 경우 정리대상자 개개인에 대해 노조와 협의하는 것은 분규를 일으키는 원인이며 아무런 이득도 없는 것이다. 특히, 노조운동에 열중하여 근무성적이 현저하게 나쁜 자를 널리 없애는 현재의 단계에서는 그들 자신이 정리 대상이 될 공산이 크기 때문에 노조와 원만한 이해에 도달하는 것은 공상적 낙관론에 불과하다"고 언급하고 있다. 이 내용은 닛케이렌이 기업합리화를 '민주적 방법'에 의해 실행해야 한다고 언급하고 있지만 실제로는 당시까지 노조에 대한 신뢰가 구축되지 않았던 상황을 전해 주고 있다.

닛케이렌은 인원정리할 때 실제로 노조와의 협상에 대처하는 방법에 대해 "사용자는 정리를 시작하기 전에 정리기준안을 미리 작성하고 구체적인 대상까지 준비한다. 노조에 대해서는 정리에 도움을 요청하는 의미에서 정리기준안을 제시하여 상담을 해야 한다"고 언급한 뒤에 "그러나 회사는 기준 이상으로 진행되어 개인의 이름까지 발표하는 것은 특별한 경우를 제외하고는 얻는 것이 없다는 점을 어디까지나 경계해야 한다"고 주의를 환기시키고 있다. 또한 닛케이렌은 "기업정비가 대량의 인원정리를 수반하는 경우에는 사회적 반향이 클 것이기 때문에, 특히 경영진의 사상통일이 확고하고 관청에 대한 긴밀한 연락과 제휴 그리고 사회에 대한 선전에 주도면밀한 공작 등 우리가 이미 연구한 경영자의 쟁의대책 각 항목을 다시 연구할 필요가 있다"고 강조하고 있다.

또한 닛케이렌은 인원정리의 기본적인 기준으로 "efficiency(능률), experience(경험), usefulness(유용성), conduct(소행)"를 제시하고 있다. 그러나 닛케이렌은 "사용자로서는 이 정도의 기준으로 노조와 대화가 되면 가장 바람직하겠지만, 노조가 좀처럼 동의하지 않을 것이기에 기준의 적용을 자세하게 할 필요가 있다"며 두 기업, 즉 데이코쿠(帝國)석유와 비교적 이른 시기에 구조조정을 시행한 산쿄(三共)제약(1949년 2월)의 사례를 다루고 있다. 데이코쿠석유의 인원정리 기준은 "휴직 및 장기결근자, 성실히 출근하지 않는 자, 업무태만자, 기능열등자, 업무성적이 향상되지 않는 자, 사업경영상 불필요하다고 인정되는 자, 1943년 6월 1일 이후 입사한 자, 54세 이상"이었다. 산쿄제약의 인원정리 기준은 "희망퇴직자, 병역해제 미귀환자(단, 귀환했을 때 결원이 있으면 전형한 뒤에 채용), 근무성적 불량자, 기능이 낮은 자, 업무태만자, 근무연수 짧은 자, 휴직 및 장기결근자"이었다.

이러한 내용을 참고하여 닛케이렌은 각 기업에게 다음과 같은 인원정리 대상을 제시하여 그 기준으로 삼도록 권유했다.

1. 퇴직희망자
2. 병역해제 미귀환자
3. 회사에 대해 비협력적인 자
   (1) 비협력을 공언하고 실행하는 자
   (2) 직장질서를 어지럽히는 자
   (3) 고의로 성실히 출근하지 않는 자
4. 능력 낮은 자(협력적이나 능력 낮은 자)
   (4) 능률 낮은 자
   (5) 심신장애로 근무 어려운 자
   (6) 노령으로 근무 어려운 자
   (7) 신체적 이유로 출근일수 적은 자
   (8) 경험이 적어 능률이 향상되지 않는 자

3. 구조조정의 실질적 대상과 기준: 추적조사 결과의 분석

부흥기, 특히 1949년의 실제 인원정리 대상은 노동성이 1949년 4-7월에 정

[표 5-5] 부흥기 인원정리 추적조사 대상 사업소(1949)

산업별	사업소
석탄	후쿠오카(福岡)○○공업○○○공업소
건설	도쿄○○철도공업
금속	나고야(名古屋)○○제강, 오사카(大阪)○○주조철공소 효고(兵庫)○○전기고베(神戸)제작소, 오사카○○전기산업라디오공장무선제조소
기계기구	가나가와(神奈川)○○○직기(메리야스 기계), 후쿠오카○○시계시즈오카(静岡)공장, 도쿄○○정밀기계공업도쿄공장, 도쿄○○전기진공관시나가와(品川)공장
화학	가나가와○○상회요코하마(横浜)공장, 가나가와○○제약제2공장
제재목제품	아오모리(青森)○○스키제작소, 아오모리○○제재소
수상운수	후쿠오카○○해륙운수토바타(戸畑)출장소
육운(국철)	센다이(仙台), 시즈오카, 텐노지(天王寺), 히메지(姫路), 시모노세키(下關)관리부

자료: 勞動省大臣官房勞動統計調査部 編(1950).

리된 상용근로자 600명(민간사업소 15개소, 국철관리부 5개소 각 30명)에 대해 2회에 걸친 조사 결과(제1회: 1949년 10월 말, 제2회: 1950년 1월 말-2월)에서 확인할 수 있다(勞動省大臣官房勞動統計調査部 編, 1950). 이 조사 결과는 각 산업의 민간사업소와 철도관리부(국철)에 대한 결과를 수록하고 있지만 여기에서는 민간사업소만을 분석 대상으로 한다([표 5-5]).

각 사업소의 인원정리를 이유별로 살펴보면 희망퇴직의 비율이 가장 높지만, '기타'와 '불명'을 합한 비율이 절반에 가깝고, 정년자 및 고령자의 비율이 낮다([표 5-6]). 여기에서 정년자 및 고령자가 실질적으로는 각 기업의 구조조정 협의 과정에서 주요 정리 대상이 되지 않았다는 점에 주목할 필요가 있다.

근속연수별 주요 인원정리 대상은 패전 직전부터 부흥기에 고용된 근속연수 5년 미만의 남자종업원(75.5%) 및 여자종업원(82.2%)이었다([표 5-7]). 인원정리 대상 중 근속연수 5년 이상 남자종업원은 1/4이었고, 여자종업원은 16.4%에 불

[표 5-6] 부흥기 인원정리 이유별 분포(민간, 1949)

(단위: 인, %)

	희망퇴직	정년/고령	질병	장기결근	근무불량	저능률	기타	불명	계
남	24.2	7.7	3.5	1.0	9.0	9.7	22.3	22.6	310
여	25.0	5.7	4.3	0.7	15.7	5.7	25.0	17.9	140
계	24.4	7.1	3.8	0.9	11.1	8.4	23.1	21.1	450

자료: [표 5-5]와 같음.

[표 5-7] 부흥기 인원정리 근속연수별 분포(민간, 1949)

(단위: 인, %)

	6개월 미만	1년 미만	3년 미만	5년 미만	10년 미만	10년 이상	불명	계
남	6.5	10.3	38.7	20.0	13.2	8.4	2.9	310
여	3.6	7.9	45.7	25.0	15.7	0.7	1.4	140
계	5.6	9.6	40.9	21.6	14.0	6.0	2.4	450

자료: [표 5-5]와 같음.

과하였다. 즉, 1949년 제조업의 인원정리는 근속연수가 짧은 종업원에게 집중되었던 것이다.

연령별 인원정리 대상 비율을 살펴보면, 29세 미만의 남자종업원(49.6%) 및 여자종업원(68.6%)의 비중이 높았다([표 5-8]). 30대 및 40-54세 남자종업원의 인원정리 비율은 약 20%로 비슷했으나 55세 이상은 10% 미만에 머물렀다. 40-54세 여자종업원의 인원정리 비율은 18.6%로 남자종업원과 비슷한 수준이었으나 30대와 55세 이상은 각각 남자종업원의 절반 수준이었다. 이렇듯 연령별로 본 1949년 제조업의 인원정리는 근속연수만큼 편중되지는 않았지만 젊은 연령층에 집중되고 있었던 것을 알 수 있다.

연령대별 인원정리 비율을 확인할 수 있는 기공(技工) 및 기공견습의 인원정리 실태를 살펴보기로 한다([표 5-9]). 조사 대상에서 기공 및 기공견습에 포함

[표 5-8] 부흥기 인원정리 연령별 분포(민간, 1949)

(단위: 인, %)

	18세 미만	18-24세	25-29세	30-39세	40-54세	55세 이상	계
남	10.3	26.1	13.2	21.3	20.3	8.7	310
여	14.3	40.0	14.3	8.6	18.6	4.3	140
계	11.6	30.4	13.6	17.3	19.8	7.3	450

자료: [표 5-5]와 같음.

[표 5-9] 부흥기 기공(技工)/기공견습의 연령별 인원정리 분포(민간, 1949)

(단위: 인, %)

	18세 미만		18-24세		25-39세		40세 이상		계	
남	22	100.0	40	75.0	55	58.2	32	37.5	149	64.4
여	13	76.9	19	52.6	10	30.0	11	18.2	53	47.2
계	35	91.4	59	67.8	65	53.8	43	32.6	202	59.9

자료: [표 5-5]와 같음.

되는 인원은 202명(남 149, 여 53)이었다. 40세 이상 남자기공/기공견습의 인원정리 비율은 40%에 가까웠으나, 각 연령층의 인원정리 비율은 25-39세(58.2%), 18-24세(75.0%), 18세 미만(100.0%)으로 연령이 젊어질수록 정리 비율이 뚜렷하게 상승하는 양상을 보였다. 여자종업원의 경우는 전 연령층에 걸쳐 남자종업원의 정리 비율보다 낮은 경향을 보였다.

이상과 같이 부흥기, 특히 1949년의 구조조정의 실질적인 대상은 근속연수가 짧은 노동자 및 저연령의 노동자에게 집중되었다.

이것은 닛케이렌이 정책적 배경을 이용하면서 주도한 결과 구조조정이 급격하게 진행된 것은 사실이지만, 실제로 각 기업에서 진행될 때의 인원정리 대상은 그 의도대로 적용되지는 않았다. 즉, 닛케이렌은 인원정리 기준으로 먼저 명확하게 구분되는 '퇴직희망자'와 '병역해제 미귀환자'를 제시한 뒤에 적극 노조활동 참가자로 해석될 수 있는 '회사에 대해 비협력적인 자'를 정리 대상으로 제시하였다. 그렇지만 데이코쿠석유 및 산쿄제약이 제시한 인원정리 기준에서 보듯이 실제 주요 인원정리 대상은 희망퇴직자와 병역해제 미귀환자와 더불어 근무연수가 적거나 고연령의 종업원이었다. 이상의 추적조사의 결과는 이러한 실질적인 인원정리 기준이 적용된 결과라고 해석할 수 있다. 특히, 인원정리 대상이 근무연수가 적고 저연령층에 집중된 것은 결과적으로 적극 노조활동 참가자가 주요 인원정리 대상자에서 제외되었다고도 해석할 수 있다. 이러한 사실은 사용자와 노동자 대표가 구조조정 과정에서 예상하지 못했지만 합의에 도달할 수 있었던 조건이 있었다는 것을 의미하기도 한다.

다음은 대표적인 두 기업의 사례분석을 통해 실질적으로 어떻게 협의하여 합의에 도달하게 되었는가에 대해 구체적으로 살펴보고자 한다.

제6장

기업의 전략: 쇼와전공

1. 기업합리화와 구조조정
2. 노사협의 과정
3. 구조조정 방식

제6장

기업의 전략: 쇼와전공

쇼와전공은 정비계획안의 승인을 통해 패전 직후 계속된 적자와 1939년 두 회사의 합병 이후 미루어진 조직개혁을 실행하려는 점에서 제6장에서 살펴볼 도시바의 사례와 유사하다. 그렇지만 도시바의 사례와 다른 점은 부족한 금융자원을 집중시키기 위해 타 제조업에의 금융지원이 제한된 것에 비해 화학비료를 생산했던 이 회사는 식량증산정책의 일환으로 지원을 받아 타 기업보다 신속하게 재건되었다는 점이다(昭和電工株式會社川崎工場, 연도미상a).

여기에서 살펴보는 쇼와전공의 1949년 인원정리 규모는 2,868명이었는데, 이는 히다치제작소(日立製作所) 5,555명, 도시바(東芝) 4,582명, 닛본전기(日本電氣) 3,569명, 다이도제강(大同製鋼) 3,000명 다음으로 많은 규모였다([표 5-4]).

1. 기업합리화와 구조조정

1) 기업재건 정비정책의 적용

쇼와전공은 1939년 3월 16일 '일본전기공업주식회사'와 '쇼와비료주식회사'의 합병에 의해 탄생하였다([표 6-1]). 이 회사의 경영실적은 다른 기업과 같이

[표 6-1] 쇼와전공의 구조조정 관련 연표(1939-62)

연월	내용
1939. 3	쇼와전공 설립(일본전기공업주식회사와 쇼와비료주식회사의 합병)
45. 9	패전에 따른 인원정리
46. 1	공직추방(公職追放) 본격 추진
6	쇼와전공노동조합연합회 결성
7	노동협약 최초 체결
8	이시카와 이치로(石川一郎) 회장 영입(경제단체연합회 초대 회장)
8	특별경리회사 지정
9	가와사키(川崎)공장 복구(硫安생산 125,000t)
47. 7	질서 있는 월급제(사무직 사원과 현장직 공원 차별철폐, 전원 월급제), 직계제도, 자격제도, 신취업규칙 실시, 퇴직금규정 확정
48. 2	과도경제력집중배제법 지정
6	쇼와전공노동조합연합회, 전후 최초 24시간 스트라이크
7	가와사키공장 노동조합, 쇼와전공노동조합연합회로부터 탈퇴
49. 4	과도경제력집중배제법지정 해제
10	기업재건정비계획인가, 특별경리회사지정 해제, 신구계정 합병
11	인원정리 반대 스트라라이크(정리 대상 2,920명, 총종업원 16,038명)
50.	노동과학연구소의 협력으로 직무조사 시작(1951년까지)
50. 11	빨갱이 추방(Red Purge, '赤狩り) 통보
51. 5	요코하마(横浜)공장노동조합이 쇼와전공노동조합연합회에서 탈퇴한 가와사키공장 노동조합과 '쇼와전공도쿄요코하마노동조합연합회' 결성
52. 1	직제규정 제정
52. 6	노동협약 체결(쇼와전공노동조합연합회와 도쿄요코하마지구, 노사 간의 평화의무 조항 삽입, 1961년 8월부터 무협약 상태)
52. 12	쇼와전공노동조합연합회 재결성(원래 연합회와 도쿄요코하마지구노동조합연합회)
53. 3	가와사키공장 노조, 생산수당 문제로 무기한 스트라이크, 회사 공장폐쇄(lockout)
3	회사 '직무급제도' 제시, 이후 노사 간 임금체계 교섭 시작
54. 4	회사 '정기승급안' 제안
54. 6	교섭 끝에 '직계직무급제도'를 포함한 노동협약 체결
56. 4	직제규정, 제1차 개정
57. 8	쇼와전공노동조합연합회, 단일조직인 '쇼와전공노동조합'이 됨.
62. 8	직제규정, 제5차 개정

자료: 昭和電工株式會社(1977); 昭和電工川崎工場勞動組合(1952); 昭和電工川崎工場勞動組合(1956); 昭和電工川崎工場勞動組合勞動組合横浜支部(1962).

전시기에 급격히 상승했지만 패전 직후에는 급감하였다. 그러나 쇼와전공은 패전 직후 심각한 식량 부족으로 식량증산정책과 '화학비료 대책요령'이 각료회의에서 결정되어 주력공장인 가와사키(川崎)공장의 경우 1945년 12월에 제1차 부흥공사를 완성하는 등 다른 기업보다 빠르게 재건되었다(昭和電工株式會社 川崎工場, 연도미상a: 310).

한편, 1946년 1월부터 GHQ가 직업군인과 전쟁에 협력한 정치인, 관료, 사회단체장, 기업인을 공적인 업무에서 추방시켰던 '공직추방'(公職追放)이 본격적으로 추진되었다. 쇼와전공에서도 예외 없이 전시 때부터 근무해 왔던 대부분의 경영진이 퇴진하였다(昭和電工株式會社, 1977: 111-6). 이러한 과정에서 대부분의 경영진이 바뀌었는데, 새롭게 취임한 사장이 '부흥금융금고'(復興金融金庫)로부터 융자받을 당시 뇌물 제공 사실이 드러나 체포되어 또다시 퇴진하였다. 쇼와전공은 이러한 어려운 국면을 타개하기 위하여 패전 후 각 경제단체를 통합하여 1946년 8월에 설립된 '경제단체연합회'(경단련)의 초대 회장(1848-1956)인 이시카와 이치로(石川一郎)를 회사의 회장으로 영입하였다.

쇼와전공은 1948년 2월 「과도경제력집중배제법」이 적용되었지만 지주회사정리위원회가 조사한 결과 과도경제력집중의 사실이 없다고 판단되었다. 이에 다음 해 4월에 지정에서 해제됨에 따라 기업을 분산시키지 않아도 되었다(昭和電工株式會社, 1977: 123-31). 한편, 쇼와전공은 1946년 8월 전시보상 중지에 의한 기업의 손실을 보완하기 위해 시행된 「회사경리응급조치법」의 적용을 받아 특별경리회사로 지정되었다. 그 후 1949년 10월 31일 인원정리계획을 포함한 '재건정비계획안'을 주무대신에게 제출하여 인가를 받아 손실을 상쇄한 새로운 재무구조를 갖춘 회사로 재출발하게 되었다. 따라서 계획안을 인가받은 다음 날 공장장회의를 개최하여 '합리화 대책본부'를 설치하고 구조조정을 진행시켰던 것이다. 패전 직후의 이익금은 마이너스이고 무배당이었지만 재건정비

[표 6-2] 쇼와전공 경영실적의 추이(1939-55)

(단위: 백만 엔, %)

기말	총자산	총매상	이익	배당률
1939. 9. 30	198	44	5	10
1940. 3. 31	216	40	5	10
1940. 9. 30	225	51	4	8
1941. 3. 31	227	52	5	8
1941. 9. 30	235	59	5	8
1942. 3. 31	246	60	5	8
1942. 9. 30	244	64	5	8
1943. 3. 31	252	70	5	8
1943. 9. 30	282	77	5	8
1944. 3. 31	353	86	8	8
1944. 9. 30	496	117	10	8
1945. 3. 31	556	93	10	7
1945. 9. 30	642	48	−7	0
1946. 3. 31	739	31	−47	0
1946. 8. 10	991	147	12	0
1949. 10. 31	6,922	10,645	59	0
1950. 3. 31	7,277	3,146	25	0
1950. 9. 30	8,319	4,645	80	20
1951. 3. 31	9,076	4,176	113	20
1951. 9. 30	11,364	6,617	211	25
1952. 6. 30	13,865	8,172	505	25
1952. 12. 31	16,992	5,924	357	20
1953. 6. 30	15,121	7,653	295	15
1953. 12. 31	17,318	6,979	269	15
1954. 6. 30	17,883	8,159	273	15
1954. 12. 31	22,927	7,414	311	15
1955. 6. 30	22,524	9,649	327	15
1955. 12. 31	22,034	9,307	331	15

주: 1946. 8. 10(회사경리응급조치법에 기초하여 신구계정으로 분리되어 변칙결산이 실시되기까지의 1946. 4. 1-1946. 8. 10), 1949. 10. 31(상위의 신구계정이 합쳐지기까지의 1946. 8. 11-1949. 10. 31), 1950. 3. 31(1949. 11. 1-1950. 3. 31), 1951. 9. 30(1951. 4. 1-1951. 9. 30), 1952년도(결산기가 3, 9월부터 6, 12월로의 변경에 따라 1951. 10. 1-1952. 12. 31).

자료: 昭和電工株式會社(1977), 258.

계획안의 인가를 받아 구조조정을 실시한 뒤에는 이익금이 확대되고 배당금도 부활하였다([표 6-2]).

2) 구조조정의 계획과 효과: 조직개편과 손익예상

쇼와전공의 종업원 수는 전시기 이후 급증한 뒤 패전으로 일시적으로 급감했다([그림 6-1]). 이후 심각한 식량 부족에 따라 비료 증산이 필요하게 되어 신규 채용을 개시한 뒤 다시 한 번 급증했다. 그러나 종업원 수는 앞에서 언급한 재건정비계획안의 인가를 받은 다음, 구조조정과 직제개정(제8장)에 의해 급감한 뒤와 같은 수준을 유지하고 있다.

쇼와전공은 기업재건을 위해 조직의 재편성이 필요하다고 판단하고 제품

[그림 6-1] 쇼와전공의 종업원 수 추이(1939–54)

(단위: 100명)

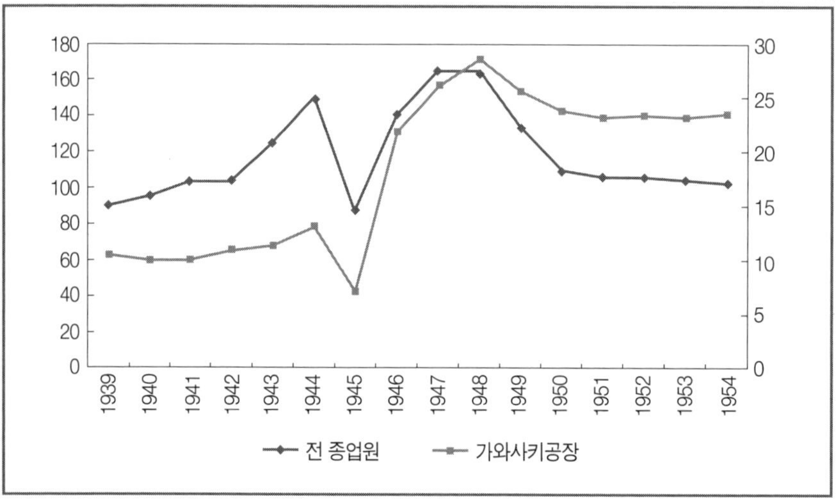

주: 가와사키공장은 오른쪽 축.
자료: 昭和電工株式會社(1977), 231; 昭和電工株式會社川崎工場(연도미상b).

[표 6-3] 쇼와전공의 노동효율과 1인당 생산량의 타사와의 비교(1949년 6월 현재)

제품별	회사	공장	종업원 수 (명)	월 생산량 (t)	판매액 (천 엔)	노동효율 (명/t)	1인당 생산 (천 엔)
유안	쇼와전공	가와사키	2,700	10,804	185,900	6.25	69.0
	낫산화학	토야마	1,829	9,490	163,000	4.83	89.3
	닛도화학	요코하마	1,002	5,000	88,600	5.0	88.5
	토요고압공업	오무타	2,512	10,765	19,000	5.81	75.7
석회질소	쇼와전공	카세	2,077	5,182	102,500	10.0	55.0
		토야마	1,328	2,038	42,900	16.3	35.3
		시오지리	1,026	1,597	33,700	16.2	32.4
		지치부	757	1,187	24,900	16.0	35.0
		아사히카와	577	466	4,530	31.0	21.3
	신에츠화학	나오에츠	1,480	4,442	87,530	8.3	59.5
	일본카바이트	우오즈	1,449	3,960	78,400	9.2	56.0
	덴카화학	오우미	2,580	6,639	131,500	9.7	51.0
알루미늄	쇼와전공	요코하마 키타카타	1,223	500	74,641	61.2	61.0
	일본경금속	시미즈 우라하라	1,828	1,114	167,370	41.0	91.5
	닛산알루미늄	니이하마	982	535	83,756	46.0	85.3
가성소다	쇼와전공	히로타	94	65	1,884	36.2	20.0
		요코하마	307	239	5,330	32.1	17.3
	일본소다	니혼키	570	879	25,173	16.2	44.1
	아지노모토	가와사키	199	374	9,002	13.3	45.2

자료: 石川一郎文書, N9-2.

별, 공장별 노동효율을 다른 회사와 비교하여 그 근거를 제시하려고 하였다([표 6-3]). 유안(硫安, 황산암모늄)을 생산하고 있었던 가와사키(川崎)공장은 다른 회사의 공장과 비교해 노동효율과 1인당 생산액 모두 가장 낮은 수준이었다. 석회질소를 생산하는 가세(加瀨), 토야마(富山), 시오지리(鹽尻), 지치부(秩父), 아사히카와(旭川)공장, 알루미늄을 생산하고 있는 요코하마(横浜), 키타카타(喜多方)공장, 가성소다를 생산하고 있는 히로타(廣田), 요코하마공장에 있어서도 같은 상황이었다.

이상의 조사 결과에 기초하여 쇼와전공은 구조조정을 추진하려고 '종업원 여러분에게 고함'을 발표하였다. "대다수 종업원 여러분의 생활기반을 확보하기 위해, 일부 종업원의 정리라고 하는 비통한 결의를 할 수밖에 없게 되었습니다"(石川一郎文書, N9-2)라고 하는 머리말 뒤에 "1948년 10월 이후 경영효율의 향상을 계기로 획기적인 사업본부제도를 채용했습니다만, 그 후 경제정세의 격변에 대응하여 쇼와전공도 태세의 변화가 필요하다는 것을 느끼고 지난(1949년) 9월 이후 본사 기구에 특히 판매 부문의 종합적 통일화를 꾀하는 한편, 사업본부제도의 장점을 살린 생산부를 가진 현 기구를 채택하여 지금에 이르는 것입니다"라고 회사는 사업본부제를 강화시키면서 조직의 재편계획을 알렸다. 또한 이상의 조직재편을 구체화하기 위해 "각 사업장에서는 다음 사항을 고려하여 재적총수 1만 3,000명으로 사업을 운영한다. ① 적자공장은 채산성(採算性)을 감안하여 최저 필요인원으로 축소한다. ② 흑자공장에서도 앞으로의 자유경쟁에 대비하여, 다른 기업과 비교하여 손색없는 부문에 대해서는 일반 수준에 맞도록 인원을 조정한다. 더욱이 각 사업장 공동관리 방식을 합리화하여 직제의 간소화를 꾀하는 것은 물론 복리후생시설에 관해서는 모두 독립채산제를 기본으로 한다. 각종 시험연구는 본사의 통일된 방침에 따라 중복경합을 피하는 등 여러 방면에 있어서 합리화에 노력한다"(「當社の現状と會社の經營方針(第二次試案)」 石川一郎文書 N9-2)는 내용을 제시하였다.

쇼와전공은 이상의 조직 재편성이 성공하면 경영이 적자로부터 대폭적인 흑자로 전환할 것이라고 예상하였다([표 6-4]). 앞에서 언급한 것과 같이 적자 상태였고 노동효율도 낮다고 판단된, 키타카타, 아사히카와, 요코하마, 히로타공

[표 6-4] 쇼와전공의 인원정리와 손익예상(1949년 10월 20일 현재)

	재적 인원 (인)	조정 후 인원 (인)	조정률 (%)	손익 예상액	
				조정 전	조정 후
본사	544	440	19.1		
가와사키(川埼)공장	2,809	2,516	10.4	261,429	469,569
사오지리(鹽尻)공장	1,372	1,130	17.6	80,938	111,613
지치부(秩父)공장	812	697	14.2	36,023	62,053
고다키(小瀧)공장	18	4	77.8	−1,800	−
오마치(大町)공장	1,409	1,070	24.1	−34,676	8,915
키타가다(喜多方)공장	713	516	27.6	−192,984	−71,784
오키츠(興津)공장	98	29	70.4	−7,977	−583
마츠모토(松本)공장	85	75	11.8	4,566	5,442
가와구치(川口)주조수	24	14	41.7	−507	−
가세(加瀬)공장	2,150	1,950	9.3	232,119	268,814
토야마(富山)공장	1,349	1,130	16.2	103,479	130,076
아사히카와(旭川)공장	499	386	22.6	−46,263	−28,345
요코하마(横浜)공장	953	749	21.4	−12,864	−10,755
히로타(廣田)공장	679	416	38.7	−28,054	12,339
다테야마(館山)공장	46	5	89.1	−4,165	−
고우미(小海)공장	204	171	16.2	−5,086	2,130
도요사토(豊里)광업소	2,312	1,949	15.7	8,265	66,547
합계/평균	16,076	13,247	17.6	392,443	1,026,031
가동중지 공장관리비					−2,115
금리				−456,200	−459,200
순손익				−66,757	564,716

자료: 石川一郎文書, N9-2; 昭和電工川崎工場勞動組合(1952), 135.

장에서의 인원조정의 비율이 평균보다 높았던 것이 확인된다.

2. 노사협의 과정

1) 자치위원회의 발족과 노동조합의 설립

구조조정 과정의 노사협의에 대해 고찰하기 전에, 패전 후 새로운 노사교섭의 주체로 등장한 노동조합의 설립 과정에 대해 당시 주력공장이었던 가와사키공장의 예를 통해 살펴보도록 한다. 제2차 세계대전 전 쇼와전공에서 발생한 쟁의는 1937년의 쟁의가 유일한 것이었다. 이러한 가와사키공장에서의 '자치위원회'는 패전 직후인 1945년 9월에 대량해고를 실시한 후 공원(工員)과 직원(職員)을 구성원으로 설립되었다(昭和電工株式會社川崎工場, 연도미상a: 301-2; 昭和電工川崎工場勞動組合, 1952: 8-9). 이 자치위원회는 설립과 동시에 임금 5엔 인상을 일률적으로 요구하고 회사의 승인을 받아낸 성과를 올렸다. 또한 자치위원회는 노조를 설립하여 노동자의 지위와 노동조건을 향상시키기 위해 다음과 같은 방침을 정하였다(昭和電工川崎工場勞動組合, 1952: 9-10).

① 회사가 노조를 승인할 것.
② 노조는 직원과 공원을 분리하지 않고 하나의 조직으로 결집할 것.
③ 노동협약을 신속하게 체결하고 노조 설립과 함께 가와사키공장의 민주화를 도모하여 노동자 지위의 향상을 확보할 것.
④ 생활난을 타파하고 우리의 생활 향상을 확보하기 위해 임금 인상을 요구할 것. 임금 인상은 현재의 2.5배를 목표로 할 것. 단, 이 밖에도 노조 운영자금의 적자를 메우기 위한 후생자금을 획득할 것.
⑤ 직원과 공원의 차별철폐의 첫걸음으로 유급휴가의 차별대우를 폐지하고 직원과 공원 모두 연 12일로 할 것.

⑥ 유급공휴일 3일 및 8시간제 실시를 요구할 것.

⑦ 퇴직위로금, 후생시설, 여자생리휴가의 요구.

이상에서 살펴본 쇼와전공의 노동조합 설립 과정에서 패전 직후 공직(工職) 혼합 형태로 설립되어 사용자와 대립관계가 아닌 회사의 구성원으로서의 '종업원성'(從業員性)을 가지게 되었다는 점은 종래의 연구에서 지적한 일본 노동조합의 특징을 확인할 수 있다(三宅明正, 1991; 二村一夫, 1994). 특히, 이 위원회는 노조의 호칭을 둘러싸고 '온건보수적'이라고 취급된 '종업원조합'이라고 호칭할 것인지, '급진적'이라고 취급된 '노동조합'이라고 호칭할 것인지에 대해 논의가 있었는데 전자의 명칭이 선정되었다(昭和電工株式會社川崎工場, 연도미상a: 301-2; 昭和電工川崎工場勞動組合, 1952: 8-12). 또한 이 위원회는 경영의 일익(一翼)을 담당하는 과장이 설립하였고, 기업이 신설한 총무과의 조사계장이 노조 설립을 구체적으로 준비하였다. 이상과 같은 방침에 기초하여 활동을 추진해 온 자치위원회는 노조의 규약, 선언, 강령의 초안 작성에 심혈을 기울였다.

가와사키공장에서의 종업원조합 결성대회는 1946년 2월 22일에 총무과장이 설립경과를 보고하고 공장장이 축사를 하는 차례로 개최되었다. 이 대회에서 결정된 의안(議案)에 '퇴직위로금' 항목을 삽입하는 등 노조의 요구가 회사에 의해 대부분 승인됨에 따라, 노조의 존재는 가와사키공장에서 처음 실질적으로 공인되었던 것이다. 2월 24일 제1회 단체교섭이 이루어졌는데, 노조위원장이 파업하지 않을 것을 약속한 뒤 교섭을 진행시켰기에 회사는 요구사항의 대부분을 승인하였고 '다른 산업, 인근 노조에서는 예가 없을 정도로 원만하게 타결'되었다. 이러한 회사의 승인에 대해 노조는 감사하는 의미로 '감사대회'를 개최하였다.

한편, 가와사키공장뿐만이 아니라 쇼와전공의 각 공장에서 노조가 결성됨에 따라 같은 해 6월 26일에는 가와사키노조, 토야마(富山)노조, 요코하마(横浜)노조가 중심이 되어 '쇼와전공주식회사 노동조합연합회'를 결성하였다(昭和電工川崎工場勞動組合勞動組合横浜支部, 1962: 4-6). 이 연합회는 7월 4일 9개 공장의 노조 대표자에 의해 구성된 중앙위원회에서 회사안을 비교 · 검토하여 최종안을 결정하였다. 7월 23일에는 회사와의 '노동협약에 관한 기본협정서'에 조인하였는데, 그 가운데 주목할 만한 내용은 "회사는 인사와 관련해 필요한 경우 미리 노조와 협의하고 노조는 그 경우 의견을 전달하여 회사는 노조의 의사를 존중하고 공정한 인사를 도모할 것"과 "회사는 노조와 의견이 맞지 않을 경우에는 해당 공장의 경영협의회에 의안(議案)을 제출하여 해결을 위해 노력하는데, 협의가 이루어지지 않을 경우에는 쇼와전공 경영협의회(본사)에 의안을 제출하여 원만한 타결을 도모한다"(昭和電工川崎工場勞動組合勞動組合横浜支部, 1962: 5)이었다. 이상과 같이 자치위원회의 방침에 의해 결정된 내용이 계승되면서 구체화된 것을 알 수 있다. 또한 인사 문제에 관해서는 회사와 노조 양자가 필요시에는 협의할 것을 약속하고 있고, 그것이 제대로 진행되지 않을 때라도 원활한 의사소통을 통해 해결하려는 강한 의지가 엿보인다. 그렇지만 이러한 관계는 순조롭지만은 않았다.

2) 구조조정과 노사협의

쇼와전공에서의 인원정리는 앞에서 언급한 것과 같이 '정비계획안'이 승인된 다음날 공장장회의를 개최하여 '정비대책본부'([그림 6-2])를 설치한 뒤 본격적으로 진행되었다([표 6-5]). 5일간의 공장장회의 끝에 본부는 먼저 '퇴직자수당 기준안'을 각 공장에 전달하였다. 인원정리에 임하는 경영진의 마음가짐을 다지기 위해 '사상통일' 회의를 개최하고 각 공장은 정리대상자를 본부에 알리

[그림 6-2] 쇼와전공의 합리화대책본부 기구(1949)

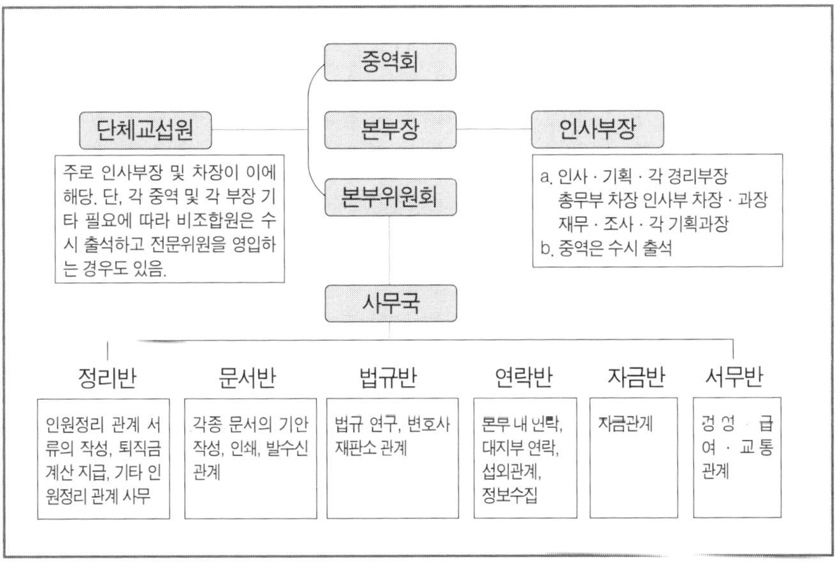

자료: 石川一郎文書, N9-2.

는 한편 '정리대책지부'가 설치되었다. 본부는 인원정리시 제시할 서류와 통지서류를 완성하고 '지부요원'의 서약서를 사장에게 제출한 뒤 정리대상자를 결정하여 공장장에게 전달하였다. 이시카와 회장, 나가이(永井) 사장을 포함한 임원과 공장장은 '사상통일'을 위해 긴급공장장회의를 개최했고, 본부는 인원정리에 필요한 서류와 '기밀비'를 공장장에게 전달하였다. 이러한 준비 끝에, 경영진은 인원정리안을 발표하고 노조와의 교섭이 시작되었지만 결렬되어 본부는 해고통지서를 개인에게 발송하였다. 노조는 투쟁을 선언하고 그 투쟁은 19일간 계속되었다.

투쟁(쟁의)기간 동안 노조는 '자발퇴직자' 이외의 '부당해고자'에게는 통지서를 투쟁본부에 가져오도록 지시했다. 최종적으로는 본부가 자발퇴직자에게 퇴직금 지불을 개시하고, 노조와의 13일간의 교섭을 벌인 끝에 노사 간에 협정을 체결하게 되었다.

쇼와전공의 나가이 사장과 가와사키공장 노조중앙투쟁위원장 야마모토 키요시(山本潔)와의 사이에 체결된 협정서는 '1. 기업합리화에 관한 건, (A) 인원정리에 관한 건, (B) 직제개정에 관한 건, (C) 복리후생시설에 관한 건, 2. 예비자금 등에 관한 건, (A) 예비자금, (B) 생산수당'의 내용으로 구성되었다(昭和電工株式會社川崎工場, 연도미상a: 367-70). 쇼와전공의 경영자와 노조는 과잉인원을 정리하는 것과 함께 '직제개정'에 의한 또 한 차례의 합리화에 합의하였던 것이다(제8장).

경영진은 직제개정에 따른 업무분장안을 미리 노조에 제시한 뒤 또 한 차례 개정하여 1950년 1월 21일까지 실시하는 것으로 하고 "직제개정에 따른 이동(異動, 공장내 이동)에 대해서는 본인의 의향을 충분히 존중하고 노조에 예고하여 의견을 청취한 뒤 공정 타당한 인사"를 단행하고, "이번의 배치전환 발령에 대해 불만을 가지고 퇴직하는 자 가운데 이종(異種)의 직무에 배치된 자 및 회사의 사정으로 잔류를 요구한 자에 한하여 발령 후 14일 이내에 퇴직원을 제출한 경우에는, 특별히 이번 자발퇴직자와 동일하게 취급"하기로 하였다.

3. 구조조정 방식

1) 실질적 대상과 기준

1949년 전후의 각 기업 인원정리의 대상과 기준이 알려져 있음에도 불구하고, 기업이 의도하였던 실질적 내용은 확인되고 있지 않다. 그러나 다행히 쇼와

[표 6-5] 쇼와전공의 구조조정 전략과 노사협의 과정(1949. 11. 1-1949. 12. 27)

일시	내용
11. 1-5	공장장회의
	정리대책본부(이하 '본부')결성
11. 6	'본부' 퇴직자 수당 기준안을 공장에 전달
11. 7	'본부' 공장 내 사상통일회의(비조합원, 정리 개략 설명)
11. 8	'본부' 정리인명부 본사에 도착
	정리대책 지부 결성
	① '종업원에게 고함', ② '종업원 가족에게 고함' 완성
11. 9	'본부' ③ '정리기준' 안, ④ 해고통지서 완성
11. 1	'본부' 지부요원의 서약서 사장에게 제출
11. 12	'본부' 정리인명부 결성(본사)
	퇴직금액 공장에서 본사로
11. 13	'본부' 정리대책에 관한 공장상 · 인사담당사회의(본사)
	정리인명부 공장장에게 제시
	사상통일을 위해 긴급 공장장회의(이사카와 회장, 나가이 사장, 임원, 공장장
11. 14	'본부' 공장장에게 ①, ②, ③, ④와 기밀비 전달
11. 19	정리안 발표
11. 21	회사의 합리화안 제시
	단체교섭 제시
11. 25	연합회 · 가와사키공장 노조와 회사와의 교섭 결렬
	'본부' 해고통고서 개인에게 발송, 본사 공장에 송금
	노조의 투쟁선언(12월 13일까지 계속)
11. 26	'자발퇴직자' 이외의 '부당해고자'는 통지서를 투쟁본부로 지참하도록
	무기한 스트라이크에 돌입
11.27-30	해고통고자, 자발퇴직자 속출
	해고거부자 발생
12. 1	복리후생 관계 정리 방침의 발표
	'본부' 해고자에게 퇴직금 지불 개시
12. 1-3	조합의 요구
12. 7	'본부' 해고거부자에 대한 예고수당금 공탁
12. 9	회사의 회답
12. 14-26	교섭
12. 27	협정의 체결

자료: 石川一郎文書, N9-2; 昭和電工株式會社川崎工場(연도미상a), 356-70; 昭和電工株式會社(1977), 123-31.

전공의 사례는 합리화대책본부가 발족 직후인 1949년 11월 8일 종업원에게는 공개되지 않고 각 사업장장(事業場長)에게만 전달된 정리의 대상과 기준에 관한 해설로부터 실질적인 내용을 확인할 수 있다(「對本發第三號」, 1949年 11月 8日, 石川一郎文書, N9-2). 먼저 대상과 기준은 다음과 같았다.

① 노후자
② 근속연수가 적은 자
③ 근무성적이 불량한 자
④ 업무능력이 낮은 자
⑤ 신체가 허약한 자
⑥ 장기휴무자
⑦ 회사업무의 운영에 협력하지 않는다고 인정되는 자
⑧ 기구간소화에 의해 과잉인력이 된 자
⑨ 사업축소에 의해 직이 없게 된 자
⑩ 배치전환이 곤란한 자
⑪ 본인의 가정생활상 비교적 어렵지 않은 자

이상의 인원정리의 대상과 기준에 관한 해설에 기초하여 내용별로 정리하면 다음과 같다.

첫째, 처음으로 언급된 기준이 ① 연령과 ② 근속연수였다. 즉, 정신적으로도 육체적으로도 능력이 저하되었다고 판단되는 50세 이상인 자와 숙련의 축적이 적다고 인정되는 근속연수가 짧은 자가 대상이 되었다. 여기서 주목할 만한 점은 기업이 제시한 연령의 기준에 대해 노조가 '대체적으로 정년에 가까운 50세 이상인 자'(昭和電工川崎工場勞動組合勞動組合橫浜支部, 1962: 37)로 받아들였다는 점이다.

둘째, ③ 근무성적이 불량한 자와 ④ 업무능력 자체가 낮다고 판단된 자가 대상이 되었다. 먼저 지각, 조퇴, 결근이 많거가 일터를 자주 떠나는 자가 대상이 되었다. 또한 여기에서의 업무능력이 낮다고 판단된 자는 근속연수가 길고 근무성적이 좋더라도 본인의 '소질'이 나쁘기에 직무수행에 지장이 있다고 판단된 자, 귀가 잘 안 들리든지, 눈이 나쁘든지, 신체장애에 해당하든지, 또는 신경쇠약 등의 심신에 지장이 있는 자였다.

셋째, ⑦ 회사업무의 운영에 협력하지 않는다고 인정된 자가 대상이 되었다. 즉, 근무태도가 성실하지 않고 직장규율에 적합하지 않은 자, 그리고 동료를 선동하던가 복무규율을 어기는 등 의식적으로 시내질서를 어지럽히는 자, 또는 사상이나 성격이 편향되어 상사, 동료, 부하와 융화협력이 되지 않는 자였다.

넷째, ⑨ 사업축소 및 ⑧, ⑩ 조직의 축소 개편에 따라 발생한 과잉인원이 대상이 되었다. 생산 중지 또는 축소한 업무에 종사하는 자, 조직의 축소 개편에 따른 사업장 내의 배치전환시킬 업무가 없는 자와 우수한 요원(要員)임에도 불구하고 본인의 사정에 의해 배치전환이 곤란한 자였다.

다섯째, 업무능력과 관련이 낮은 ⑤ 허약한 자, ⑥ 장기휴무자, ⑪ 생활이 곤란하지 않은 자가 대상이 되었다. 군복무로부터 복귀하지 않은 자와 2개월 이상 장기결근자는 전원 대상이 되었는데, 장기결근자 가운데 부상 또는 질병에 걸린 경우에는 1개월 이내에 전부 치료될 가능성이 있고 우수한 자만 대상에서 제외할 것을 고려하고 있었다. 또한 근무성적이 양호하고 심신과 외형적으로 장애가 없더라도 힘든 일을 할 수 없거나 고열작업에 견딜 수 없는 등 심신이 허약하고 업무수행에 있어서 어떤 제약을 받는 자 또는 가계보조자, 퇴직하더라도 가정생활상 비교적 곤란하지 않은 자였다.

이상과 같이 쇼와전공에서 인원정리의 대상과 기준은 업무능력과 관련 높은 사항과 그렇지 않은 사항으로 나눌 수 있다. 종업원의 업무능력과 직접 관련된 기준으로서는 명확하게 판단되는 연령, 근속연수, 근무성적, 신체능력과 결과에 따라서는 마찰이 발생할 수 있는 '낮은 소질'이 있었다. 업무능력과 직접 관련되지 않은 기준으로 정해진 대상으로서는 노조의 지도층을 가리키고 있다고 판단되는 자, 사업 및 조직 축소에 따라 발생한 과잉인원, 그리고 장기휴무자, 허약자, 생활에 곤란하지 않은 자였다.

이러한 인원정리 기준은 패전 직후와 어떠한 차이점이 있을까? 쇼와전공의 주력공장이었던 가와사키공장에서 패전 직후 1945년의 인원정리 기준은 다음과 같았다(昭和電工株式會社川崎工場, 연도미상a: 299-300).

> 회사는 다음의 기준에 의거하여 종업원을 정리할 것을 결정하였다. 가와사키공장은 이 통첩에 따라 신속하게 해고자의 명부를 본사에 제출하기 바란다.
>
> ① 1943년 이후 입사자 전원
>
> ② 근로성적 나쁘고 결근이 많은 자
>
> ③ 퇴직을 희망하는 자
>
> 이 해고에 의해 가와사키공장에 남는 인원은 450명을 한도로 한다.

부흥기, 특히 1949년의 인원정리 기준과 비교한 패전 직후의 기준은 매우 간결하였고 '의원(依願)퇴직'의 형태를 띠었다. 따라서 쇼와전공 경영진은 노동조합법 제정 이후 노동조합의 강력한 교섭력을 경험한 뒤에 인원정리 대상 선발 기준을 보다 면밀하고 신중히 준비했던 사실을 확인할 수 있다.

2) 희망퇴직: 퇴직금 및 특별급여, 취직알선 및 재고용, 추가모집 금지

회사는 구조조정이 진행되는 가운데 노사 간의 마찰을 경감시키기 위해 '자발퇴직'을 유도하여, 즉 희망퇴직을 시행하여, 첫째 퇴직금 및 특별급여를 지불하고, 둘째 취직알선 및 재고용을 약속하였으며, 셋째 '추가모집' 금지를 약속했다(「従業員諸君に告ぐ」 石川一郎文書, N9-2, 이하 같음).

첫째, 회사는 ① '자발적으로 퇴직을 신청한' 종업원에 대해 회사 사정에 의한 경우 소정의 퇴직금 이외에, 부양자가 있는 경우에는 기준임금의 3개월, 독신자의 경우는 기준임금의 2개월분의 임시급여금을 지급하였다. ② 자발적으로 퇴직을 신청하지 않고 해고당한 자에 대해서는 회사 사정에 의한 경우에 소정의 퇴직금과 법정해고예고수당을 지급하였다. ③ 개인적인 상해 및 질병으로 인한 장기휴무한 것을 이유로 퇴직한 자에 대해서는 자발퇴직한 자에게 지급한 것 이외에도, 결근 개시 1년간을 한도로 상해와 질병이 치유되지 않은 경우 특별급여금을 지급하였다.

둘째, 회사는 구조조정에 응한 종업원에 대해 퇴직금과 임시급여금 이외에 취직을 알선하고 재고용도 약속하였다. 먼저, 취직알선부가 1949년 11월 8일에 계획되어 11월 17일에 규정이 만들어진 뒤, 노사협정 체결 7일 전 노사협정 중이던 12월 20일에 발족하였다(「對本發第三號」, 1949年 11月 8日; 「對本發第十三號」, 1949年 11月 17日; 石川一郎文書, N9-2). 본사 내에 설치된 본부사무소는 각 공장사업장의 지부를 통괄하였다. 본부의 조직은 사장 겸임 본부장, 총무부장 및 인사부장 각 겸임 두 명의 본부 차장, 그리고 본부장이 임명한 본부원 및 서기로 구성되었다. 이 조직은 설치된 날로부터 6개월간 운영될 예정이었는데, 목적이 일찍 달성되면 해산하고 그 잔무업무는 인사담당 부과에 계승하기로 하였다. 쇼와전공에서도 국철 및 도시바의 사례에서 확인할 수 있는 것처럼 경기가 회복

되었을 때 퇴직자를 우선적으로 재고용한다는 회사의 약속이 이루어지고 있었다(禹棕沅, 「從業員諸君に告ぐ」, 石川一郎文書, N9-2).

셋째, 회사는 당시의 '자발적 퇴직'이 실질적인 지명해고였음에도 불구하고 협정서에 "제2차, 제3차의 인원정리는 실시하지 않는다"(昭和電工株式會社川崎工場, 연도미상a: 367)라는 내용을 포함하여 추가모집 금지를 약속한 점이다. 이 사실은 고도성장기에 노사가 희망퇴직을 시행할 때 '추가모집'을 금지하여 전 종업원의 고용보장을 실현할 수 없었지만 사용자에 의한 일방적인 고용조정을 시행하지 않겠다는 점에 합의한 것이라고 평가하여, 그 이후에 희망퇴직제도가 정착했다는 기존 연구의 주장(佐口和郎, 1995)과 배치된다. 즉, '추가모집' 유무에 따라 희망퇴직제도의 성립시기를 구분한다면 고도성장기가 아닌 부흥기까지 거슬러 올라갈 수 있는 것이다.

제7장

파트너로서의 노동조합: 도시바

1. 경영조직의 개편과 재무구조
2. 노사협의 과정
3. 구조조정 방식

제7장

파트너로서의 노동조합: 도시바

부흥기 대폭적인 구조조정을 실시한 기업 중에서, 특히 정부와 사용자단체 및 노동자단체 등의 주목을 받았던 도시바는 당시 그 해결방향이 다른 회사의 구조조정에도 큰 영향을 미친 사례로 주목받아 왔다. 도시바의 구조조정 문제는 당시 중앙노동위원회, 일본경영자연맹, 산별회의 각각의 기관지(中央勞動時報, 經營者, 勞動戰線)에서 언급되었는데, 사용자단체는 이 문제를 "기업정비의 클라이맥스"라고 일컬었다(日本經營者團體連盟, 1949. 7).

1. 경영조직의 개편과 재무구조

1) 경영조직의 개편

도시바는 1939년 7월에 경전기(輕電機) 주력기업인 동경전기(東京電機)와 중전기(重電機) 주력기업인 시바우라제작소(芝浦製作所)의 합병에 의해 탄생하여 제2차 세계대전기에 사업규모를 대폭적으로 확대했다. 그러나 도시바는 경영조직의 개편 없는 합병이었기에 합병 이전의 경전기 부문과 중전기 부문으로 분리된 상태를 유지했었다.

시바우라제작소(芝浦製作所)주식회사 도쿄공장
자료: 「日本商工大家集」(1906)(일본국회도서관, http://www.ndl.go.jp/scenery/data/359/l.html).

이러한 합병 이래의 과제였던 경영조직의 개편은 1949년 4월 이시자카 타이조(石坂泰三)가 사장으로 취임하여 경영진을 쇄신한 뒤 1949년 8월 사업부제의 채용을 통해 본격적으로 시작되었다. 이시자카는 1915년에 다이이치생명(第一生命)에 입사하여 1938년 사장이 되었다가 1946년에 퇴임했지만, 그 기간중인 1940년 6월부터 1946년 12월까지 도시바의 사외중역(取締役)도 역임했다. 그는 1948년 12월에 당시 도시바의 주거래은행이었던 미츠이은행의 사장 사토 키이치로(佐藤喜一郎)와 도시바의 전사장이었던 츠모리 토요지(津守豊治)의 요청에 따라 도시바 중역이 된 뒤에 사장으로 임명되었던 것이다. 이시자카는 이시카와 이치로가 제1대 경단련 회장 재임시에 평의원회 의장(1952-56)을 지냈고 이시카와에 이어 케이단렌 제2대 회장(1956-68)을 역임하였다. 그는 도시바 퇴직 뒤에는 아라비아석유 회장, 일본원자력사업 회장 등을 지냈다(日本經濟新聞社 編,

1957; 東京芝浦電氣株式會社 編, 1963: 306).

이 조직개편은 "첫째, 종래의 제1부문(輕電)과 제2부문(重電)의 구성을 폐지하고 전구, 기기, 통신기, 전기기계, 차량 등 업종별로 사업부제의 채용, 둘째 이러한 조직의 종합적인 경영을 위한 사업운영회의의 설치, 셋째 엄격한 내부감사를 위한 감사역 설치, 넷째 판매부의 설치"를 통해 구체화되었다. 판매부의 설치는 부문별로 분리되어 있었던 판매기능을 본부에 집중시키는 형태로 제2차 세계대전기와 그 직후에 정지되었던 기능을 10년 만에 부활시켰던 것이다(東京芝浦電氣株式會社 編, 1963: 306, 315, 325).

2) 기업재건 정비정책의 적용과 재무구조

기업재건 정비정책이 도시바에 적용되는 과정에 대해 재무구조의 변화를 중심으로 살펴보기로 한다. 도시바는 경리조치법이 시행됨에 따라 특별경리회사로 지정되었을 때(1946년 8월 11일 0시) 사업연도를 마감하고 채권 및 채무, 그 외의 자산에 관한 명세서를 작성하여 손익계산을 실시했다. 자산 가운데 사업유지에 필요한 부분을 신계정, 그 이외의 부분을 구계정으로 분리했다. 이것을 담당한 특별관리인은 도시바의 임원으로부터 사장인 츠모리 토요지와 부사장인 가네코 겐지로(金子堅次郎), 구채권자로부터 제국은행(현 미츠이은행) 회장 만다이 준시로(万代順四郎)와 일본공업은행 이사 쿠르수 다케오(栗栖赳夫)의 4명으로 구성되었다. 정비법이 시행된 후 도시바는 특별경리 실시기간인 1946년 8월 11일부터 1949년 12월 31일까지를 제1영업기간으로 하여 이 기간 중에는 결산을 치루지 않고 특별손실의 정리에 힘쓰면서 정비계획을 작성했다. 정비계획인가를 신청할 때 도시바의 특별손실은 전시보상 10억 엔, 해외자산 3,570만 엔과 기타를 합하면 16억 8,000만 엔을 초과했다. 그렇지만 1949년 12월 31일에 도시바는 정비계획 인가를 받게 되어 처리될 수 있었다. 다음 해인 1950년 2월 28일에는 신구 계정의 합병을 실시해 1952년 7월에 특별경리회사 지정으로부터 해제됨으로써 새로운 출발을 할 수 있었다(東京芝浦電氣株式會社 編, 1963: 254-6, 272, 286-7, 293-6, 308).

도시바의 적자 상태는 다음과 같았다. 특별경리회사로 지정된 직후(1946. 8. 11-1947. 3. 31)에 판매액, 판매원가 및 원가외비용, 순손실액은 각각 297백만 엔, 399백만 엔, −102백만 엔이었고 순손실액의 판매액에 대한 비율은 34.3%이었다. 1947년 상반기에는 각각 779백만 엔, 823백만 엔, −44백만 엔이었고 순손실액의 판매액에 대한 비율은 5.7%였다. 판매액이 증가함에 따라 순손실액은 감소했지만 적자 상태는 계속되었고 정비계획 인가를 받기 직전의 분기인 1949년 상반기에는 각각 2,301백만 엔, 2,568백만 엔, −266백만 엔이었고 순손실액의 판매액에 대한 비율은 11.6%로 증가하였다. 이러한 상황하에 도시바는 부흥금융금고와 시중은행 신디케이트단으로부터 융자를 받았다. 부흥금고로부터는 1946년 10월에 2억 엔, 1947년 10월에 1억 8천만 엔, 1948년 2월부터 3월에 2억 엔의 융자를 받았고, 1948년 10월에는 4억 엔의 융자가 결정되었다. 제국은행이 간사은행이었던 시중은행 신디케이트단으로부터 1948년 10월에 2억 엔의 융자가 결정되었다.

이 신디케이트단은 도시바에 대한 융자조건으로 "첫째, 44개 공장 중 14개 공장을 처분하고 최종적으로 20개 공장으로 축소할 것, 둘째 잔존 공장은 공장별로 독립채산제를 실시하여 중전기와 경전기 부문별로 통괄할 것, 셋째 이상의 조치와 더불어 잔존 공장에서도 인원정리를 추가적으로 실시할 것"이라는 합리화안을 제시했다. 이것은 1949년 6월에 과도경제력집중배제법에 기초한 지주회사정리위원회가 지시한 '재편성계획에 관한 결성지령'의 전초전이었고 당시에는 '금융면에서 합리화를 강행한 대표적 사례'로서 주목을 받았다. 한편,

이미 언급한 판매원가 및 원가외비용 가운데 급여총액이 차지하는 비중이 1947년 상반기에는 58.6%로, 같은 해 하반기, 1948년 상반기, 같은 해 하반기에는 각각 46.5%, 48.5%, 54.9%이었다. 이상과 같이 도시바는 각 금융기관으로부터 융자를 받았음에도 불구하고 적자 상태가 계속되었는데, 그 중요한 원인 중의 하나가 과대한 인건비 지출이었던 것이다(東京芝浦電氣株式會社, 1949; 東京芝浦電氣株式會社 編, 1963: 267, 277-81, 285).

이상과 같이 제2차 세계대전 시기에 전등 등의 경전기제품과 발전소 터빈 모터 등의 중전기제품을 생산한 도시바는 경리조치법의 지정을 받아 정비계획안을 수립하게 되었다. 당시 도시바가 직면한 최대과제는 전시보상 중지에 의한 적자재무구조의 개선과 더불어 1939년 두 회사(동경전기와 시바우라제작소)의 합병 이후 규모를 축소할 수 있었던 두 회사의 판매 부문 등의 미루어진 조직개편에 있었다(東京芝浦電氣株式會社, 1963). 미루어진 조직개편을 위해서도 반드시 필요했던 정비계획안의 수립은 도시바의 임원 및 구채권자인 은행으로부터의 파견자로 구성된 특별관리인의 지도하에 작성되었다. 작성된 계획안에 기초하여 인원정리 방침을 발표하고 노동조합의 합의를 구하기 위한 회의를 개최하였다. 이 회의를 개최한 배경에는 계획안을 관련 부서에 제출하더라도 노동조합이 이의를 제기하게 되면 승인을 받기 어렵다는 현실적인 문제가 있었던 것이다.

2. 노사협의 과정

1) 노사협의기구

이상과 같이 도시바는 적자 상태가 계속되고 경영조직 개편도 요구되는

[그림 7-1] 도시바의 노사협의기구(1949)

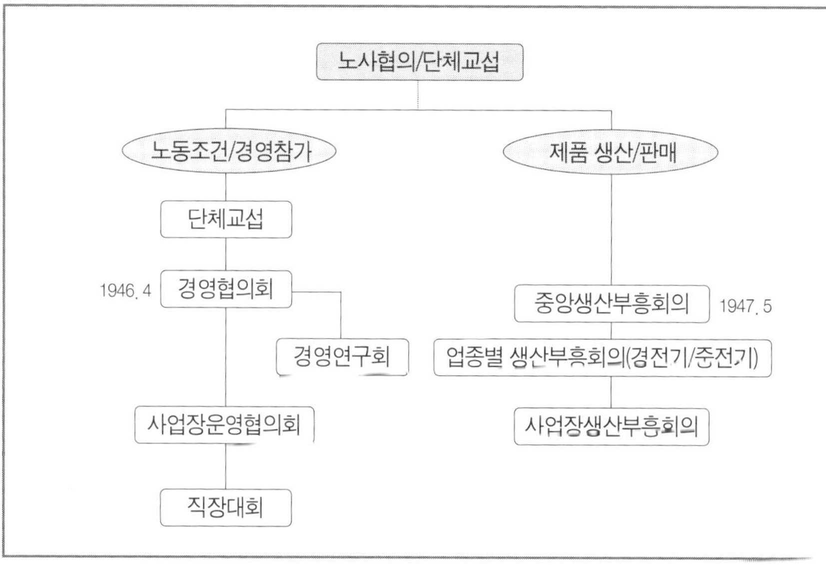

자료: 東芝堀川町勞組(1949); 東芝勞連十年史編纂委員會(1964).

가운데 기업재건 정비정책에 적용되어 회사 내부와 정책 두 측면에서 구조조정을 촉진할 수밖에 없는 요인이 존재했다. 여기에서는 먼저 노사협의기구에 대해 살펴보기로 한다. 도시바에서는 노동조건/경영참가에 대해 협의하는 단체교섭 그리고 경영협의회와 제품의 생산/판매에 대해 협의하는 생산부흥회가 있었다([그림 7-1]). 이렇듯 노동조건 및 경영참가에 대해 협의하는 기구와 더불어 제품의 생산 및 판매, 즉 생산성 향상에 대해 협의하는 기구를 통해 노사가 협의하는 형태는 전후 일본 기업에서 일반적으로 볼 수 있는 형태였다.

첫째, 노동조건/경영참여 협의기구에 대해 살펴보기로 한다. 경영협의회는 노사의 "의사소통을 도모하고 기업의 민주적 경영체제의 확립 및 회사업무의 발전과 종업원의 행복 증진과 관련된 사항을 협의"하는 것을 목적으로 1946

년 4월 5일에 설립되었다. 경영협의회의 구성원은 회장과 위원 20명으로 구성되었지만, 그 회장은 이사 또는 임원이 되어야 하고, 위원은 '근속 만 3년 이상 만 25세 이상인 자'가 되어야 했다. 경영협의회는 정기회의를 매월 1회 개최하고 '회사의 조직 및 인사의 민주적 운영 및 개선', '종업원의 근로조건', '복리후생', '종업원의 급여 표준', '경영연구회보다 더 협의할 사항'에 대해 협의했으며, 부설기구로 경영연구회를 설치했다.

경영연구회는 위원장 1명과 연구위원 20명(회사와 노조측 각 10명)으로 구성되고 "① 회사경영상 종업원에게 영향을 미칠 만한 사항, ② 본회의(경영협의회: 인용자)로부터 자문을 요청받은 사항"에 대해 협의하고 그 결과를 경영협의회에 제의했다(東芝労連十年史編纂委員會, 1964: 27-8). 경영협의회가 설립된 다음 달인 1946년 5월 11월에 경영협의회의 상부기구인 단체교섭에 의한 노동협약이 다음의 내용을 골자로 체결되었다. "① 회사는 민주주의적 원칙에 따라 경영 및 사업장을 운영하고 연합회 및 연합회 가맹회사 각 사업장 노동조합에 협력할 것을 확약한다. ② 회사는 각 노조가 각각의 사업장에서 종업원의 대다수에 의해 만들어진 조직을 각 사업장의 단체교섭권을 갖는 유일한 노조로 승인한다." 이 단체협약은 노조의 회사에 대한 권리사항뿐만 아니라 "연합회는 노조의 질서유지를 책임진다"라는 책임사항도 규정했다(東芝労連十年史編纂委員會, 1964: 29-32).

경영협의회에서 협의된 사항을 보다 구체적으로 협의하는 사업장운영협의회는 "공장 및 본사 기술부의 민주적 운영 및 업무의 발전을 도모하여 생산 및 기술 향상과 종업원의 행복 증진을 위해 공장운영 제반 사항을 협의"할 목적으로 1946년 4월 9일에 설치되었다. 사업장운영협의회는 매주 1회 개최되어 공장 전반의 운영, 공장의 조직 및 인사의 민주적 운영 및 개선, 생산 향상, 기술 쇄신 및 향상, 노동조건, 급여, 보건위생, 교육, 복지, 후생, 질서, '기타 종업원의 행복 증진에 큰 영향 있는 사항'에 대해 협의하고, 경영협의회에서 다루어진 협의사항을 구체화시켰다. 사업장운영협의회 위원은 경영진 10명, 노조측 10명으로 구성되었으며, 위원장은 경영진에서, 부위원장은 노조측에서 선출하고, 모든 위원의 자격은 '근속 만 2년 이상 만 20세 이상인 자'이었다(東芝堀川町勞組, 1949).

이 운영협의회에서 협의된 사항은 노조원들이 토의하고 투표하는 '직장대회'(職場大會)를 통해 의견을 수렴했다. 1946년 10월 30일 도시바의 주력공장인 호리카와쵸(堀川町)공장의 직장대회 내용은 다음과 같았다. "1. 8:30 조례, ① 일반사항 설명, ② 협상경과 보고, ③ 일반 질문, 2. 10:00 직장대회, ① 협정안에 대한 토의, ② 투쟁본부 조직 개정에 관한 건, ③ 투쟁수단 강화에 관한 건, 투쟁자금 모금방법, 과(科)연락방법, 기타, ④ 희망사항 심의, 3. 14:00 노조원대회, □□안에 대한 태도결정, 무기명투표"(東芝堀川町工場從業員組合史料, 1981).

둘째, 제품의 생산/판매 협의기구에 대해 살펴보기로 한다. 중앙생산부흥회의는 1947년 5월 1일에 "노동조합은 회사의 경영권을, 회사는 노동조합의 단체교섭권과 파업권을 상호 확인하고 존중하며 회사사업의 부흥에 협력하는 것을 목적"으로 발족했다. 중앙생산부흥회의는 구체적으로 '회사사업 부흥에 필요한 생산판매에 관한 사항'에 대해 협의했는데, 다음과 같은 세 개의 회의로 구성되어 있었다. 첫째, 최고기구인 중앙생산부흥회의는 '회사 전반에 걸친 생산판매에 관한 사항 및 업종별 또는 사업장회의 상호간의 종합조정에 관한 사항'에 대해 협의했다. 이 회의는 의원으로 '근속 만 3년 이상, 만 25세 이상의 간부 또는 종업원 중에서 회사 및 노조 각 15명 선출'하고 매 사업연도에 연 2회 정기회의를 개최했다. 둘째, 업종별생산부흥회의는 중앙생산부흥회에서 협의된 사항을 경전기생산부흥회의 및 중전기생산부흥회의로 나누어 보다 구체적으로 협의하였다. 업종별생산부흥회의의 의원은 회사와 노동조합이 각 10명

내지 15명의 동수로 선출하였다. 셋째, 사업장생산부흥회의는 업종별생산부흥회의에서 협의된 사항을 각 사업장 현장을 상황을 고려하면서 더욱 구체적으로 협의되었다(東芝勞連十年史編纂委員會, 1964: 91-2).

이상과 같이 도시바의 노사협의기구는 패전 직후의 부흥기에 회사가 노동조합을 승인하고 노동조합은 회사와 협조하는 것을 전제로 형성된 것이었다. 이것은 일본 노동조합이 전후에 노동조합법의 성립에 의한 법인(法認)만이 아니라 기업에서도 실질적으로 승인되었다는 의의를 가진다.

2) '해고동의 약관'의 협의

여기에서는 1949년 인원정리 협의의 전제가 되는 '해고동의 약관' 협의에 대해 고찰하고자 한다. 제2차 세계대전 전에는 경영자가 노동자를 노동조합의 동의 없이 해고할 수 있었지만 패전 직후부터 노동조합의 동의 여부를 둘러싼 협의가 시작되었던 것이다.

도시바의 해고동의 약관을 둘러싼 협의는 1945년 12월 5일 회사의 첫 노동조합인 전자연구소 종업원조합 결성 후인 제1차 노동쟁의 때부터 시작되었다. 이 쟁의는 전자연구소, 생산연구소, 호리카와쵸공장(1946년 7월 현재 4,488명), 야나기마치(柳町)공장(1946년 7월 현재 3,400명), 코무카이(小向)공장(1946년 7월 현재 2,180명)의 각 노동조합에 의해 구성된 가와사키지역 연합회가 1945년 12월 7일 회사에 '인사행정에 대한 노조의 참여'에 대해 1946년 1월 5일까지 답변하도록 요구했다. 이에 대해 답변기한 마지막 날에 '인정하기 어렵다'라는 사장 서명의 회사 답변이 있었다. 노조는 이 답변을 받고 쟁의에 돌입했지만 21일에 회사가 재협상을 제의하여 도쿄요코하마지구연합회노조(11개 공장)는 23일 한시적으로 "조합원 해고 및 전보는 인사행정위원회의 설립까지 노조 동의를 얻을 것"을 요구했다.

노사는 동의 약관을 둘러싸고 마지막까지 대립했지만, 25일 회사가 "조합원을 해고 또는 전임할 경우에는 미리 노조의 동의를 얻을 것이나, 복무규정 위반, 정년 등 정당한 이유가 있는 경우 또는 사업 축소, 조직 변경 등 어쩔 수 없는 경우는 제외한다"는 답변을 노조가 받아들여 29일 협정을 체결하였다. 이러한 '해고동의 약관'은 5월 11일에 체결된 노동협약서에 '단서조항'을 삭제한 "회사는 조합원을 해고 또는 전임시킬 경우에는 미리 노조의 동의를 얻는다"는 조항을 기재하여 노사합의사항으로 확정하였다(東芝勞連十年史編纂委員會, 1964: 1-30).

해고동의 약관을 둘러싼 협의는 제2차 쟁의기간 동안에는 이루어지지 않았고 각 공장노조 대표에 의해 구성된 투쟁위원회가 1946년 9월 14일 회사에 대해 '해고하지 않을 것을 서약하라'고 요청한 제3차 쟁의에서 진행되었다. 이러한 투쟁위원회의 요구에 대해 회사는 21일 노조의 요구를 그대로 받아들이지 않고, 경영협의회에서 심의한다고 답변했다. 제3차 쟁의의 단체교섭은 회사의 답변을 투쟁위원회가 받아들이지 않았기에 결렬되었고, 투쟁위원회는 10월 1일부터 총파업에 돌입했다. 다만, 동북연합회의 산리쿠(三陸)진공관(도시바의 방계회사) 노조는 23일 회사가 요구사항을 수용하여 파업을 해제하게 됨에 따라 노동조합 간에 균열이 생기게 되었다. 한편, 중앙노동위원회는 27일 노사 모두에게 알선안을 제시했지만, 투쟁위원회는 그 수용 여부에 대해 투표한 결과 부결되어 31일에 알선신청이 거부되었다. 그 후에 회사가 최종협상안을 투쟁위원회에 제시했으나 거부되었다. 그럼에도 불구하고 회사는 각 공장의 노조에게 협상안을 보내 10개 공장의 노조가 투쟁에서 이탈하고 투쟁위원회에 대한 비판문서를 유포하여 노조원들의 동요를 발생시켰다.

결국 노동조합과 회사는 11월 26일에 중앙노동위원회가 제시한 알선안을 기초로 협정서를 체결했다. 협정서는 "회사 및 종업원은 적극적으로 생산 증강을 도모하도록 최선을 다해 합리화에 협력하지만 해고는 절대 하지 않는다"는 전제하에 "① 회사는 조합원이 복무규율을 위반하지 않는 한 조합원이라는 이유로 절대로 해고하지 않는다. ② 회사는 종업원 가운데 성실히 출근하지 않는 자, 종업원다운 직무를 다하지 않는 자, 회사의 복무규율에 따르지 않는 자 등의 처리에 관해서는 노조와 협의하여 별도 조치한다"는 노동자 자기규율에 관한 사항과 노동조합에 의한 노동자 관리를 요구하는 '양해사항'도 함께 포함되어 있었다(東芝勞連十年史編纂委員會, 1964: 47-85).

해고동의 약관을 둘러싼 협정 내용은 관동, 관서, 동북으로 나뉘었던 세 개의 연합회가 1948년 3월 1일 '도시바노동조합연합회'(도시바노련)로 통합된 뒤에 다시 협의 대상이 되었다. 회사가 도시바노련이 결성되던 날에 경영협의회를 통해 희망퇴직의 모집, 배치전환, 귀휴제도에 대한 승인을 제안한 것에 대해 도시바노련이 일부 받아들였다. 그렇지만 이듬해인 1949년 2월 19일에는 회사가 단체협약의 갱신을 노조에 신청했지만 노조가 거부하여 회사는 28일 단체협약의 파기를 통보했다. 회사가 제시한 단체협약 갱신의 내용은 '인원정리 자유의 원칙, 귀휴, 휴가, 해고할 자유' 등이었다(東芝勞連十年史編纂委員會, 1964: 139-84).

당시의 노동협약은 노사가 갱신에 합의하지 않으면 자동으로 연장되었음에도 불구하고 회사는 노동정책의 변화를 배경으로 단체협약을 일방적으로 파기했던 것이다. 정부는 노동협약의 해고동의 약관과 자동연장 규정이 인원정리를 어렵게 하고 있다고 판단하여 1948년 12월 22일 '민주적 노동조합과 민주적 노사관계 조성에 대하여'라는 지침(노동차관 통첩)을 내렸다. 이 지침에서 노동협약의 지도지침을 발표하여 협약의 개정을 촉구했다. 그러나 많은 노조가 받아들이지 않았기 때문에 정부는 "단체협약은 규정한 기한이 도래한 이후에 그 당사자의 어느 일방의 의사에 반하여 유효하게 존속할 수 없다"는 조항을 삽입한 노동조합법 개정(1949년 6월 1일 공포)에 나서면서 기존의 자동연장 규정을 무효화하고 '무협약'의 상태에서 인원정리를 용이하게 할 수 있게 되었다(遠藤公嗣, 1989: 290-1; 野村平爾, 1957: 196, 305-10). 이와 같은 노동정책의 변화가 있었기에 회사는 단체협약의 파기를 통고할 수 있었으며, 인원정리도 진행시킬 수 있었던 것이다.

3) 노동자의 권리와 의무

이상과 같이 해고동의 약관을 둘러싼 협상 과정은 노동자 및 노동조합이 회사에게 고용보장을 요구하고, 회사가 노동자들에게 자기훈련 그리고 노동소합에게 노동자 관리를 요청하는 과정이기도 했다. 도시바의 노동조합 자신은 이 문제에 대해 어떻게 생각하고 있었던 것일까?

도시바 노조의 방침은 제3차 쟁의가 시작되기 직전인 1946년 8월 26일에 투쟁위원회 본부가 각 공장의 노조에 보낸 지령서에서 확인할 수 있다. "지령 제1호. 1946년 8월 26일 투쟁위원장. (1) 이번 '생산증강운동'은 8월 31일까지 준비기간으로 한다. (2) 준비기간 동안 '생산증강운동'의 취지를 철저히 파악한다. 취지: 가중노동의 배제, 기계의 24시간 운전에 의한 완전고용을 촉진함과 동시에 노동자 스스로 발견한 문제점을 회사에 제시하여 그들의 책임하에 실행시킨다. – 중략 – (4) 결근, 지각, 조퇴 방지운동을 전개할 것. 우리는 당연한 권리를 주장하는 동시에 해야 할 의무는 완수해야 하고 이것은 산업부흥을 위해 당연한 것이다. – 이하 생략 – (투쟁본부기획반)"(東芝堀川町工場従業員組合史料, 1981). 노동조합은 완전고용을 달성하는 과정에서 발생하는 문제점을 발견하여 경영진에 제시해야 한다고 강조하고 있음과 동시에, 각 현장의 투쟁위원에게 노동자 의무에 어긋나는 결근, 지각, 조퇴를 방지하고 사기훈련 강화를 촉구했던 것이다.

4) 구조조정과 노사협의

한편, 도시바 경영진은 '해고동의 약관' 협의 과정에서 살펴본 바와도 같이 기업재건 정비 관련 정책과 노동정책의 변화에 힘입어 1949년 7월에 패전 직후부터의 숙원이었던 구조조정의 기본계획을 발표하였다(東京芝浦電氣株式會社, 1949).

> 회사재건의 방도에 대하여 1949년 6월 – 중략 –
>
> 4. 재건의 방도
>
> – 중략 –
>
> 정리인원은 최소한에 그치게 하고 가능한 한 많은 종업원 여러분들의 생활보전에 힘썼으나 인원정리계획을 다음과 같이 공지합니다.
>
> 현재인원(1949년 4월 말): 22,207명
>
> 정리인원: 4,581명, 정리 비율: 20.6%
>
> 잔류인원: 17,626명
>
> 회사는 이번 인원정리를 실시함에 있어 가능한 한 원활하면서도 신속하게 진행시키고자 하여 노동조합과도 충분히 대화할 예정입니다. 물론 회사는 향후 경영에 불가결한 요원은 확보해야만 하지만, 다음과 같은 인원정리 기준을 정하고 엄정하게 인선하여 시행할 것입니다.
>
> 인원정리 기준: 기술이 낮은 자, 직무태만자, 사규를 어긴 자, 회사업무에 협력하지 않는 자, 성실히 출근하지 않는 자, 사고로 인해 결근 많은 자, 질병으로 인한 장기결근자, 배치전환 어려운 자, 업무축소로 적당한 일자리 없는 자
>
> 회사는 이번에 부득이 용퇴를 부탁드리는 분께 가능한 한 충분히

퇴직금을 지급할 것이고, 규정에 의한 퇴직수당 외에도 임시급여금을 지급할 것임.

이번 지급하는 퇴직수당:

1. 퇴직위로금: 현재 규정에서 정하는 회사 사정에 의한 경우의 퇴직금

2. 임시급여금:

근속 1년 미만: 기준 월수입 3.5개월분

근속 1년 이상 3년 미만: 4개월분

근속 3년 이상 10년 미만: 4.5개월분

근속 10년 이상 20년 미만: 5개월분

근속 20년 이상 : 5.5개월분

단, 노동기준법 제20조에서 정한 해고예고수당을 포함.

기준월수입이란 지난 3개월간(4, 5, 6월)의 본봉, 출근수당, 생활수당, 부양수당, 지역가급, 장려금의 총평균 월액을 말한다(퇴직위로금과 예고수당은 퇴직시에 지급하고 잔액은 다음 달부터 순차적 분할 지급한다). – 이하 생략 –

도시바는 노동조합과 충분히 협의할 것이라는 점을 밝혔고, 정리대상자가 전 종업원의 20%라는 것과 정리 기준 및 퇴직수당의 지급 기준에 대해 설명했다. 여기서 이 내용은 "회사는 해고의 범위, 순서 등 해고의 구체적 기준을 문서를 통해 노동조합 또는 종업원의 총의를 대표하는 자 또는 경영협의회가 있는 경우 여기에 제시하여 그 의견을 철저하고 가능한 합리적으로 양해를 구하도록 할 것"이라는 정부의 인원정리 방침과 유사하고, 도시바의 퇴직금 지급 기

준은 정부의 방침과 거의 일치하고 있는 점을 발견할 수 있다. 더욱이 인원정리 기준 항목은 닛케이렌이 작성한 기준 항목과 거의 일치하고 있다. 따라서 도시바는 정부가 정한 방침에 기초해 닛케이렌이 제시한 인원정리 기준을 참고하여 회사의 구조조정안을 작성했다고 판단할 수 있다. 그렇지만 실질적인 인원정리 대상과 기준은 공식적인 내용과는 달리 노사협의 과정에서 최대한 노사가 서로 받아들일 수 있는 내용으로 수렴되었다.

이상과 같이 인원정리를 발표한 도시바는 협의 과정에서 노동조합보다 유리한 입장에 있었던 것은 사실이었지만 법률에 의해 인정되고 회사도 승인한 노동조합과의 합의를 도출하는 과정이 필요했다. 그 과정이 구조조정안의 발표 후 7월 5일부터 13일까지 9일간 7회에 걸쳐 열린 '회사재건협의회의'였다(東芝労連事務局, 1949a).

이 회의는 인원정리 문제뿐만 아니라 자금조달, 제품의 생산 · 판매 · 개발 문제에 대해서도 협의하고, 이미 언급한 상설적인 노사협의기구인 경영협의회와 부흥생산회의에서 논의된 내용을 함께 협의한 회의였다. 제1회 회의에서는 이시자카 사장이 인사 겸 회사의 경영 상태와 인원정리의 이유에 대해 언급한 뒤에 '회사재건의 방도에 대하여'를 노동조합측에 배포하고 협의를 시작했다.

> 다카하시(高橋恒祐)(상무이사): –중략– 인원정리는 공정한 기준에 준하여 한다. 잔류자는 회사를 위해 공헌하길 바란다. 기준에 관해서는 노조의 협력을 얻고 싶다. –중략– 16일경까지 재건정비계획을 제출해야만 한다.
>
> 다카하시: 어제 회사의 설명은 끝났다. 질문은 빨리 끝내고, 가능하면 내일 중 의견을 듣고 회사는 결심하여 공장측에게도 설명하고 싶다.
>
> 이시카와(石川忠延)(중앙집행위원장): 이야기를 듣는 것뿐입니까?

다카하시: 거래하여 결정하고 싶은 생각은 없다.

이시카와: '국철' 같은 것인가?

다카하시: 달리 거래할 수 있는 것이 있다면 이야기가 다르지만, 회사로서는 거래(bargain)할 생각은 없다. –중략–

이시카와/ 야마시타(山下倫喜)(중앙집행부위원장): 최초 협정과 다르지 않은가?

다카하시: 그것은 나중에 하고 싶고, 거래하여 결정할 내용이라고 생각하지 않는다. – 중략 –

야마시타: 해고는 노동조건으로 최고의 것이다.

하기오(荻尾): 그것은 당신들의 자유다.

요시다(吉田國治)(중앙집행위원): 그러면 단체교섭이 형식적인 것이 된다.

이시자카(사장): 그것은 나중에 어떤가, 말꼬리는 잡지 않기로 하고, 시간이 아까우니까.

이시카와: 이것은 중대한 일이다. 해고협상을 받아들일 것인지 아닌지 분명히 하시기 바랍니다.

하기오: 정당한 단체교섭은 받아들이지만 내용이 문제다.

이시자카: 해고 절대 반대는 불가능할 것이다.

이시카와: 그것을 교섭(bargain)하지 않으면 중대한 일이다.

이시자카: 나는 이야기를 받아 주는 것으로 이해하고 있다.

하기오: 거래로 결정할 것과 결정하지 못할 것이 있다.

경영진은 합의사항을 바꿀 생각이 없었고 인원정리는 인사권에 속하는 것이며, 그것은 단체교섭의 대상이 되지 않는다고 생각했다. 반면 노동조합은 인원정리가 노동자로서는 가장 중요한 사안이며, 단체교섭의 대상이 되는 것으로 생각했다. 이시카와 집행위원장은 1925년 도쿄상과대학(현 히도츠바시대학)을 졸업과 동시에 도시바에 입사하여 전기사업부영업부 기획과장 때에 제3차 쟁의투쟁위원장을 지냈다(石川忠延, 1986).

부흥기의 후반기, 즉 1949년에 직원의 감소율이 높았는데(제5장), 도시바도 예외는 아니었다. 이 점에 대해 노사는 서로 어떤 견해를 갖고 있었을까?

> 이시카와: (인원정리의) 영업, 산업, 관리부의 비율은?
>
> 히라오(平尾): 그것까지 오늘 말할 수 없다.
>
> 이시자카: 이것은 내 생각이고 다른 사람과 상의하지 않았지만, 재건정비가 끝나면 특히 본사 성격인 관리 부문을 나누어 16부문 중심으로 통합하고 싶다. 중복 부문도 있다. 활기 있는 기구로 만들고 싶다. 이것은 재건정비와 동시에 할 수 없다. '향후 인원정리를 할 것인가'라고 질문한다면 공장은 별도로 하더라도 관리 부문에 관해서는 희생을 줄이고 싶지만 현상유지는 할 수 없다고 생각한다. – 중략 –
>
> 이시카와: 총무, 인사, 노동 이것은 몇 달은 바쁠 것. 제1, 제2영업에서 나오게 된다. 이것은 뿔 때문에 소를 죽이는 일이 될 것이다. 어쨌든 내역을 듣고 싶다.
>
> 히라오: 오늘은 할 수 없다. 나중 일을 생각하면 감축이 어려운 곳과 가능한 곳을 여러 방면으로 연구하겠다.
>
> 이시카와: 영업은 문제가 있다고 생각하지만.

경영진, 특히 이시자카 사장은 향후 계획을 중심으로 말하고 있지만 관리 부문의 조직을 개편하는 과정에서 직원 인원정리를 계획하고 있다고 했다. "직원 수는 종업원 수의 절반에 가까우니 회사 재건을 위해 어떠한 일이 있더라도 인원정리를 할 필요가 있었다"(東京芝浦電氣株式會社 編, 1963: 261)라는 서술에서 확인할 수 있듯이, 경영진은 패전 직후부터 직원에 대한 인원정리의 필요성을 인식하고 있었다. 반면 영업부 출신이기도 한 이시카와 위원장은 관리 부문, 특히 영업 부문의 역할에 대해 강조하고 직원 인원정리에 대해서도 반대하고 있었다.

도시바 경영진은 이상과 같이 노동조합과의 합의를 도출하는 회의를 개최했지만 인원정리 자체가 협의사항으로 되지는 않았다. 경영진은 회의가 끝난 사흘 뒤인 7월 16일에 주력공장인 호리카와쵸공장에서 1,370명의 해고 통보를 비롯해 전 회사 4,581명의 노동자에게 해고를 통보했다. 이러한 상황에서 노동조합이 유리한 입장을 유지하면서 단체교섭을 진행하기 위해서는 회사가 작성한 정비계획에 대해 이의를 제기하여 인가를 받지 못하도록 하는 방법밖에 남아 있지 않았다.

노조는 9월 15일에 기업재건 정비계획을 승인하는 관계기관(일본은행 본점, 대장성, 통산성, 농림성, 주식회사정리위원회) 담당자에게 이의신청을 제출하기 이전에 먼저 그 이유를 설명했다. 관계기관의 담당자들은 도시바 노조가 이의신청을 제출할 때까지 심의를 보류하기로 하고 그 후에 회사가 제출한 정비계획을 신중하게 심의할 것을 약속했다. 이의신청을 제출할 때까지 도시바 노조는 9월 24일 회사에 대해 타결을 위한 요구사항을 제시하고 물밑교섭을 벌였다(石川忠延, 1986: 197-9, 214-5). 노동조합의 요구사항을 둘러싸고 노사는 협의를 계속하였는데, 결국 11월 16일에 그 동안의 협의를 총괄하는 '분쟁해결에 관한 단협'을 개최하여 회사가 노조의 요구사항을 받아들이는 형태로 임시협정을 체결했다(東芝勞連事務局, 1949b). 또한 노사는 12월 10일에 '본 협정 조인에 대한 단협'을 열고 협정서를 정식으로 체결하였다(東芝勞連事務局, 1949c). 도시바는 협정 체결이 성립된 후인 12월 31일에 기업재건정비계획의 승인을 받게 되었던 것이다.

3. 구조조정 방식

1) 구조조정 경과

구조조정은 다른 회사와 마찬가지로 도시바에서도 패전 직후부터 진행되었고 이상과 같이 노사의 협정 체결에 의해 가속화되었다. 여기에서는 구조조정의 경과에 대해 고찰하고, 누가 구조조정의 대상자가 되었으며, 그 실질적인 기준은 어떤 것이었는가에 대해 살펴보고자 한다.

먼저, 도시바 전체 종업원 수의 장기적인 추이와 부흥기의 내용별 구조조정 상황에 대해 살펴보기로 한다. 전체 종업원의 장기적인 추이를 보면, 1930년

[그림 7-2] 도시바의 종업원 수 추이(1920-63)

(단위: 명)

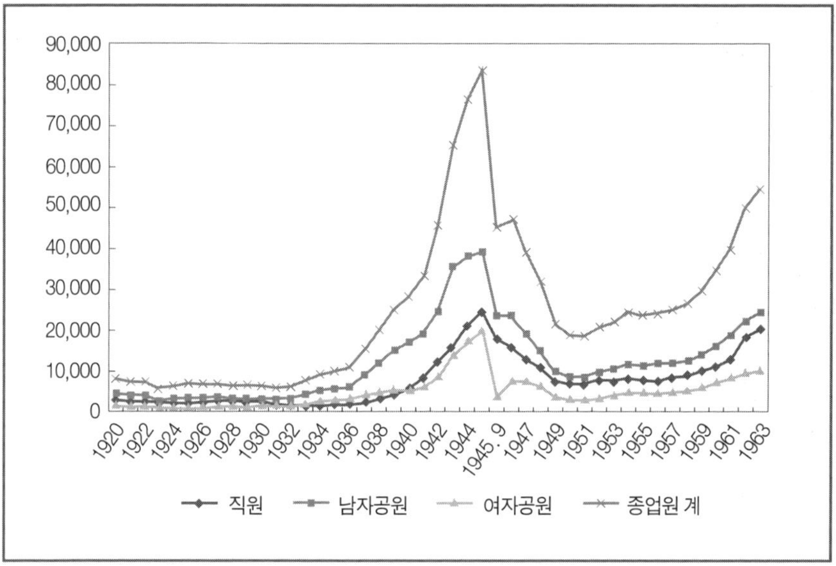

자료: 東京芝浦電氣株式會社 編(1963), 899-900.

[표 7-1] 도시바의 구조조정 경과(1945-49)

(단위: 명)

	내용	인원			
		직원	공원	징용, 학도정신대	합계
1945. 8 1945. 9	징용공, 학도, 정신대의 동원해제 무단장기결근자, 지방출신 소년공, 여자종업원의 정리, 귀향, 귀휴	38,307		19,000	57,307
1946. 9	사업장 내 배치전환	–	–	–	–
1946. 9	귀환자 가정대기	–	–	–	–
1948. 8	제1차 사업소 간 배치전환	–	–	–	–
10	제2차 사업소 간 배치전환	–	–	–	721
1948. 8	제1차 퇴직자 모집	726	1,921	–	2,647
10	제2차 퇴직자 모집	302	434	–	736
1948. 9 이후	귀휴제도 실시 니이가타49/ 카모(加茂)200/ 가와기시(川岸)200/ 나가이(長井)272	–	–	–	721
1949. 7	인원정리 잔존 18개 공장	–	–	–	4,581
8	인원정리 처분 28개 공장	–	–	–	2,100

자료: 山本潔(1983), 東芝争議(1949), 99; 東京芝浦電氣株式會社 編(1963), 400-1.

대 중반 이후 특히 1942년부터 크게 증가하고 패전 직후와 부흥기에 크게 감소하고 있다([그림 7-2]). 부흥기의 구조조정을 내용별로 살펴보면, 패전 직후인 1945년 9월에는 전시에 동원했던 대량인원을 정리하여 패전 직전의 총종업원 수가 절반 이하로 줄었다([표 7-1]). 다만 이 시기에는 다른 회사와 마찬가지로 도시바도 병역제대 귀환자와 지사로부터의 귀환자를 허용하여 인원정리와 귀환자의 수용이 반복되고 있었다(東京芝浦電氣株式會社 編, 1963: 273).

1946년에는 그 인원 수는 알 수 없지만, 사업장 내 배치전환과 병역제대 귀환자를 집에서 대기시키는 조치가 취해졌다. 1948년에는 사업소 간 배치전환을 실시하고, 퇴직자를 모집하여 경영 상태가 개선될 때까지 노동자를 집에서

쉬게 하는 귀휴제도가 시행되었다. 도시바에서의 구조조정 마지막 단계인 1949년에는 「과도경제력집중배제법」이 적용되어 잔존하는 18개 공장과 처분 대상 28개 공장에서 인원정리가 이루어졌다. 이상과 같이 도시바의 부흥기의 구조조정은 시간의 경과에 따라 심화되어 1949년에 최종 단계를 맞이하게 된 것이다.

2) 신분별 구조조정

다음은 부흥기 도시바의 신분별 구조조정 추이를 쇼와공황기와 비교하며 그 의미를 되새기고자 한다([그림 7-2]). 먼저, 쇼와공황기인 1929년, 1930년, 1931년의 전년도와 비교한 직원 수의 증감률은 각각 9.0%, −7.5%, −19.5%였으며, 남자공원의 경우 −4.8%, −4.0%, −5.7%였고, 여자공원은 0.2%, −9.8%, 15.3%였다. 쇼와공황기는 남자공원이 먼저 감소하지만 그 후 직원이 남자공원보다 급격히 감소하여 이미 언급한 전체 제조업의 동향과 유사하다.

부흥기인 1945년 9월의 같은 해 8월 그리고 1946년, 1947년, 1948년, 1949년의 전년도와 비교한 직원 수의 증감률은 각각 −27.9%, −11.0%, −19.2%, −14.1%, −31.7%이며, 남자공원의 경우 −39.7%, 0.3%, −19.8%, −21.2%, −33.4%였고, 여자공원은 −80.0%, 94.6%, −2.7%, −16.8%, −37.9%였다. 부흥기는 1945년 9월 현재 남자공원이 직원보다 크게 감소하는 것은 전체 제조업의 동향과 유사하지만 1949년에는 남자공원과 직원이 거의 같은 수준으로 감소하고 있다. 그러나 직원은 남자공원이 감소하지 않은 1946년에도 감소하고 있으며, 1949년까지 계속하여 감소하고 있다.

기계기구공업의 부흥기인 1945년, 1946년, 1947년, 1948년, 1949년 직원의 전년도 대비 증감률(단, 1945년의 경우 1942년과 비교)은 각각 −39.7%, 18.7%, 5.6%, −6.5%, −21.0%였으며, 남자공원은 −67.0%, 44.4%, 20.9%, −20.9%, −15.8%였고, 여

자공원은 −50.4%, 24.7%, 504.4%, −84.8%, −31.4%였다. 즉, 기계기구공업의 경우, 남자공원이 1945년에 직원보다 크게 감소했고 1948년에도 마찬가지였지만, 1949년에는 직원이 남자공원보다 많이 감소했다(通商産業省 編, 1961). 즉, 도시바를 비롯한 기계기구공업의 부흥기 구조조정은 전반기에 남자공원을 중심으로 진행되었으나 후반기에는 도시바의 노사협의 과정에서 우려했던 것처럼 직원에게 더욱 집중하여 진행되었던 것이다.

이상 쇼와전공과 도시바의 사례를 통해 살펴본 패전 직후 구조조정정책의 기업에의 적용 과정과 노사정관계의 고찰을 [그림 7-3]과 같이 정리할 수 있다. 즉, 회사는 노동조합의 이의제기를 반영한 계획정비안에 기초하여 구조조정계획을 수립하여 발표한다. 회사와 노동조합은 구조조정계획에 대해 협의하나

[그림 7-3] 부흥기 일본 기업의 구조조정과 노사정관계

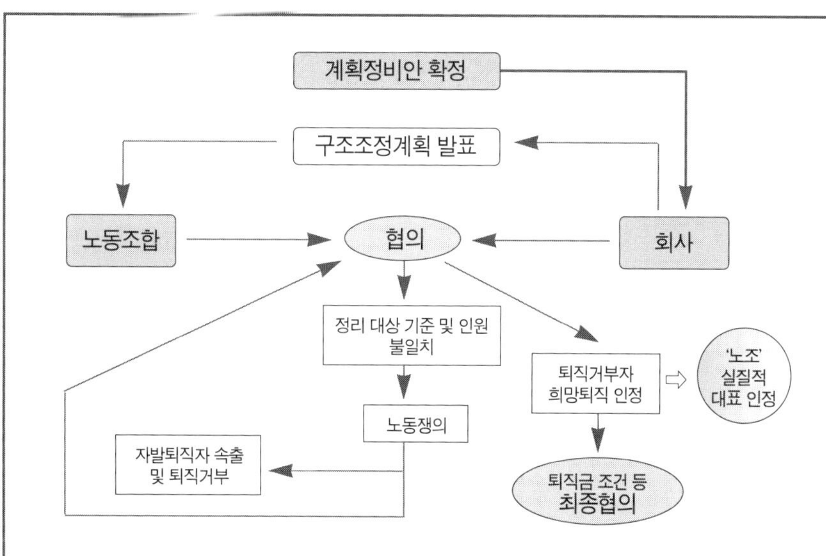

자료: 본문 참조.

정리 대상 기준 및 인원에 대한 의견 불일치로 노동쟁의가 발생한다. 이후 협의를 진행하는 과정에서 자발적인 퇴직자가 속출하는 반면에 퇴직대상자 중에서 퇴직거부자도 발생하게 된다. 수차례에 걸친 협의 결과, 퇴직거부자를 희망퇴직으로 인정하고 퇴직금 및 임시급여금을 원안대로 지급하기로 한다. 이러한 과정은 노동자에게 가장 중요한 고용보장이 부정되는 과정이기도 했지만 노동조합이 법적으로뿐만 아니라 실질적인 협의 대표로 인정받는 과정이기도 했다.

제 IV 부

노사정 합의의 정착: 교훈의 내재화, 1950-90

제8장

노동자의 양보: 쇼와전공

1. 경영조직의 개혁
2. 새로운 직제와 임금체계의 수용
3. 생산성 향상 협력

제8장

노동자의 양보: 쇼와전공

1. 경영조직의 개혁

1) 부흥기의 구조조정과 남겨진 과제

쇼와전공은 체계적인 인사관리를 가능하게 하는 직제개정 시행 2년 전인 1949년에 제6장에서 살펴본 바와 같이 대규모의 인원정리를 시행했다([표 5-1]). 이 인원정리는 임금교섭에서 노동자의 유리한 입장을 잃게 한 임금3원칙의 시행과 강력한 긴축재정이었던 닷지라인의 영향 아래 이루어졌다. 더욱이 쇼와전공은 이후 1950년 4월, 1951년 4월, 1954년 7월에 자산평가를 실시하여 각각 10억 엔, 7억 엔, 약 33억 엔의 재평가차익을 합산한 결과, 경영개선을 꾀할 수 있었다(昭和電工株式會社, 1977: 125). 1950년의 자산부채 구성을 나타내는 [그림 8-1]에서 고정자산의 변화는 재평가차익을 합산한 결과를 나타내는 것이라고 판단할 수 있다. 그렇지만 자본금이 증가하여 단기차입금 비율을 대폭적으로 하락시켜 장기차입금 비율을 높게 한 점을 보면, 이 시기에 실질적으로도 경영조건이 개선되었다고 평가할 수 있다. 그 결과 1950년 9월에는 제2차 세계대전 후 처음으로 주주배당(배당률 20%)을 지급할 수 있었던 것이다(昭和電工株式會社, 1977: 258).

[그림 8-1] 쇼와전공의 전후 자산구성 변화(1950. 3-1950. 9)

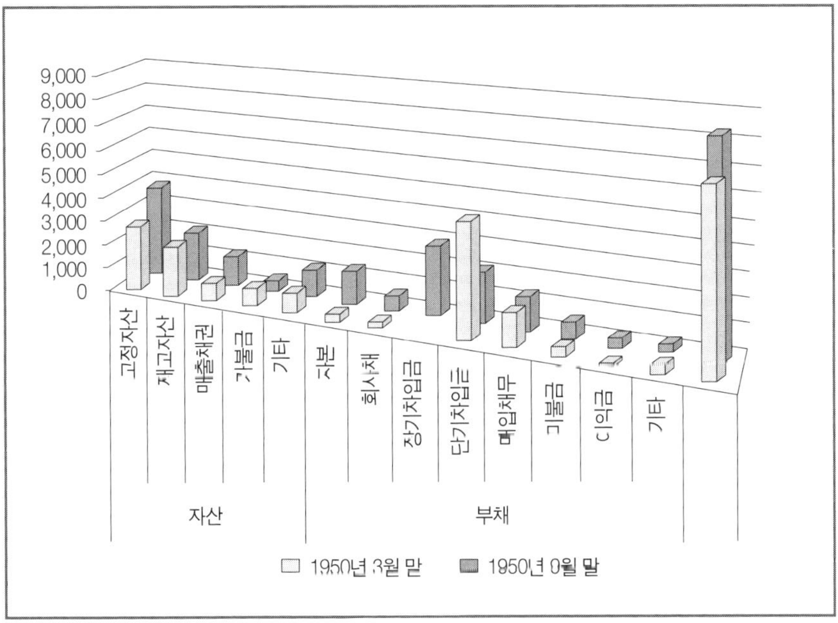

자료: 東昭和電工株式會社(1950).

그럼에도 불구하고 부흥기 쇼와전공의 구조조정은 경영조직 자체의 체질 개선에 성공했다고는 할 수 없고 해결해야 할 과제를 남기고 있었다. 그 단적인 증거는 부흥기 인원정리를 실시 후의 인원구성에서 확인할 수 있다. 즉, 직급별 인원구성의 인원정리 전후의 변화를 살펴보면 다음과 같다. 여기에서 급(級)의 구분은 1947년부터 시행된 자격제도를 말한다. 하위 직급인 8-12급의 비율이 79.8%(10,645명)에서 77.8%(8,518명)로 감소한 반면, 중위 직급인 4-7급의 비율은 17.8%(2,369명)에서 19.4%(2,125명)로, 그리고 상위 직급인 1-3급의 비율은 2.4%(326명)에서 2.8%(312명)로 증가했다([그림 8-2]). 또한 연령별 인원구성의 변화를 보더라도 저연령층인 24세 이하의 비율은 10% 이상 감소한 반면 25-29세, 30-39

[그림 8-2] 쇼와전공의 부흥기 인원정리 후 직급별 인원구성 변화(1949-50)

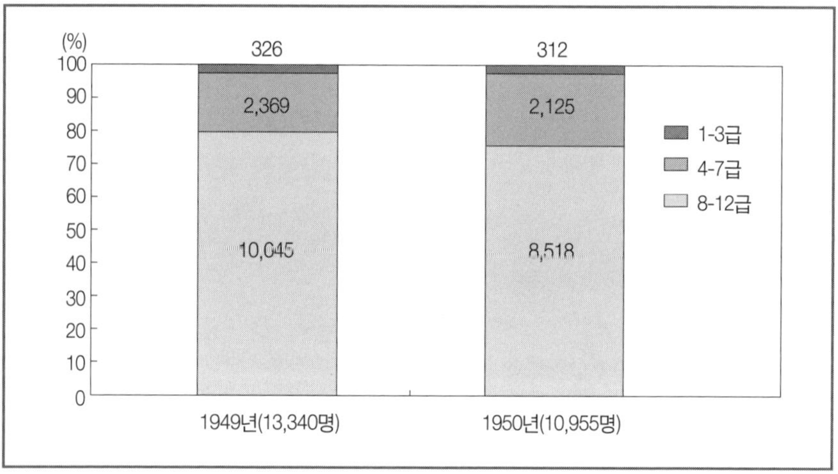

자료: [그림 8-1]과 같음.

[그림 8-3] 쇼와전공의 부흥기 인원정리 후 연령별 인원구성 변화(1949-50)

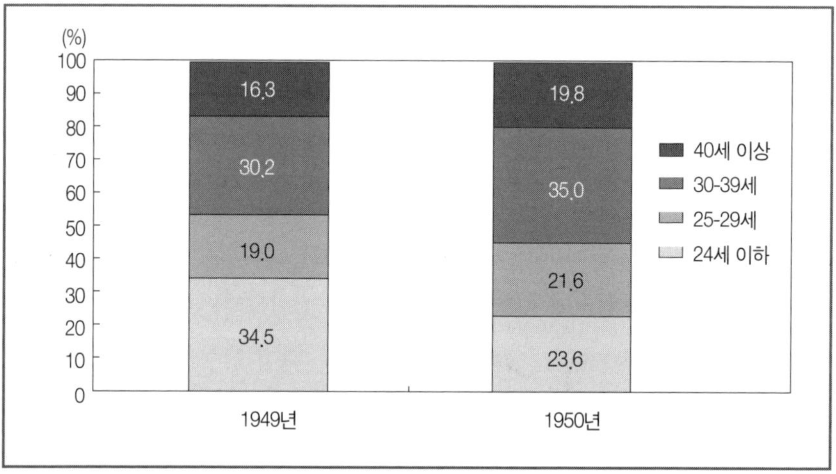

자료: [그림 8-1]과 같음.

전산형(電産型) 임금

전기산업의 노동조합이 1946년 10월에 쟁의를 통해 획득하여 직무급이 본격적으로 도입될 때인 1950년대 중반까지 일본의 기본적인 임금체계이었고 이후에도 생활급 임금체계 설계에 영향을 미쳤다. 주요 내용은 ① 권리로서의 임금사상을 확립하고 이를 바탕으로 노사의 임금협정을 통해 임금체계를 결정하고, ② 연령과 근속 등 객관적이고 명확한 기준으로 각 사람의 임금을 결정하며, ③ 노동시간과 임금의 관계를 명확히 하여 기준 근로임금 및 기준 초과근무임금을 구분하고, ④ 최저생활보장의 원칙을 확립하고 연령별 최저보장 급여를 설정하는 것 등이었다. 이 내용은 당시의 대다수 노동자가 지지하였다. 그러나 당시의 저임금 수준에 대응하는 형태로 연령급 중심으로 설계하였기에 노동의 질적 차이에 효율적으로 대응하지 못하는 결점이 있었다.

자료: 大原社會問題硏究所 編(1995) 데이터베이스.

세, 40세 이상의 연령층은 각각 비율이 증가하고 있다([그림 8-3]).

이상과 같이 하위 직급과 저연령층의 비율이 감소하고 중위 및 상위 직급과 중고연령층의 비율이 증가한 것은 경영측 입장에서는 부담이 될 수밖에 없었다. 더욱이 당시 상황은 생활보장을 축으로 하는 이른바 '전산형(電産型) 임금'과 같은 연령과 근속연수에 기초한 '속인급'(屬人給)이 강화되어 경영진을 압박했다. 따라서 이러한 인원구성으로도 경영실적 개선을 가능하게 하는 근본적인 조직개혁이 필요하게 되었던 것이었으며 이미 예고된 것이기도 했다(제6장).

2) 경영조직의 개혁과 방침

쇼와전공은 제2차 세계대전 직후부터 조직개편에 노력을 기울였다(昭和電工株式會社, 1977: 132). 즉, 쇼와전공은 제2차 세계대전 직후 본사에 비료, 금속, 약품, 석탄의 4개의 사업본부를 설치하여 각 사업본부가 직접 소속 부문 공장을 운영하는 부문별 독립채산제로 조직정비를 단행했다. 더욱이 1948년에 쇼와전공은 '금후의 경영 방침에 대하여'에서 "① 회사의 합리적 재편성계획의 명확화, ② 독립채산제의 강화 철저, ③ 노무대책의 수립, ④ 조직적 운영의 강화"를 강조했다(昭和電工川崎工場勞動組合, 1952: 72-4). 이 가운데에서 당시 경영조직 개편의 근간이 되는 독립채산제에 대해서는, 첫째 "사업본부마다 신속하게 자주적 경리체제를 정비함과 동시에 예산통제를 확립"하고, 둘째 "각종 사업의 채산 확보를 위해 설비의 보수정비, 기술 향상 노력 등 적극적으로 여러 방책을 연구하여 실시"해야 한다는 구체적인 방안을 제시했다. 이러한 경영조직 개편

[그림 8-4] 쇼와전공의 업무기구도(1956)

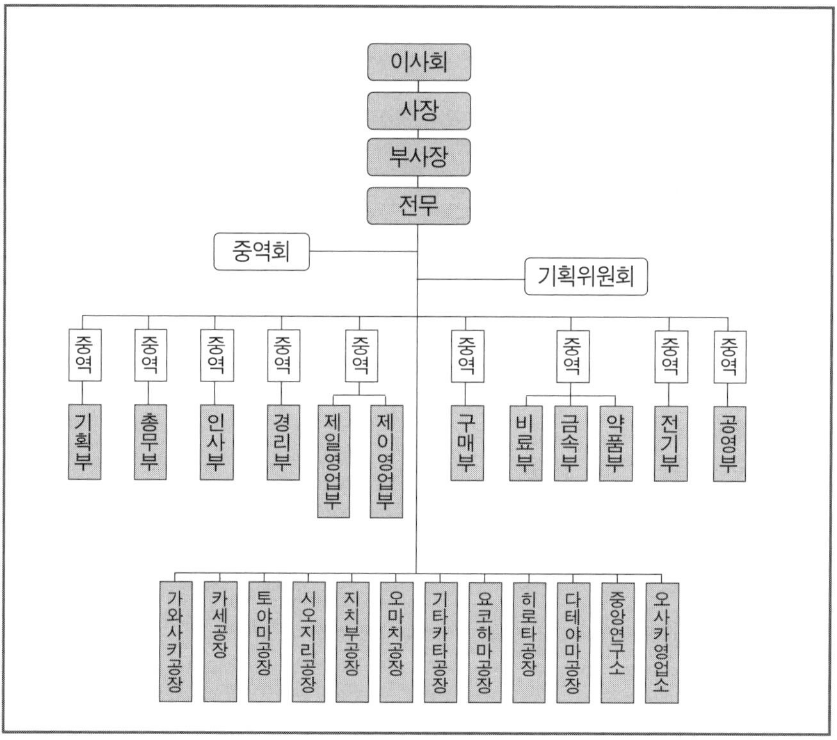

자료: 昭和電工株式會社(1956a).

을 추진한 끝에 쇼와전공은 부문별 독립채산제를 강화시켜 경영조직의 기본체계를 종래의 사업부제에서 직능부문별 조직으로 개편했다([그림 8-4]).

그러나 쇼와전공은 이상과 같이 경영조직을 개편하기 위해 심혈을 기울였음에도 불구하고 "조직의 힘에 의해 목적을 달성하기보다는 오히려 개개인을 중심으로 그때마다 문제를 해결하려는 경향이 강"하여 소기의 목적을 달성하지 못했다고 평가하며 조직개혁의 필요성을 재차 강조했다(昭和電工株式會社, 1977: 132).

2. 새로운 직제와 임금체계의 수용

1) 직제규정의 제정과 그 의미

쇼와전공은 조직개혁의 일환으로 1947년에 시행된 자격제도가 신분제도를 철폐하여 사무직 사원과 제조현장 공원과의 구조적 차별을 없애 현장노동자에게 동기를 부여하는 성과는 있었다(昭和電工株式會社, 1950). 그렇지만 회사는 여전히 문제점을 갖고 있다고 인식하였다. 즉, 자격제도는 '생활급에 기초하여 만들어진 임금체계와 상호작용'하여 다음과 같은 문제점이 있다고 인식하고 있었다. 첫째, 각 직제의 책임 정도와 임금 수준이 일치하고 있지 않다. 둘째 노동의 질적 차이 및 책임의 차이가 임금의 차이로 나타날 수 밖에 없다는 인식이 결여되어 있다. 셋째, 기업조직 내의 신분제가 유지되고 있어 노동효율이 저하되고 있다. 넷째, 업무가 조직적으로 운영되지 못하고 개인적 차원에서 결합하는 경향이 강하다.

이러한 문제점을 개선하기 위해 쇼와전공은, 첫째 '직무의 표준화', 둘째

'직무권한 규정의 작성과 업무분장(分掌)의 구체 항목 명시', 셋째 '채용배치전환 기준, 고과제도, 교육훈련제도 등의 확립에 의한 적정한 노무배치 기준의 확립', 넷째 '직계직무급제도의 확립'이라는 구체안을 제시했다. 이러한 개선방법은 직제규정의 제정과 시행에 의해 달성될 수 있었던 것이다. 여기에서 직제라고 하는 것은 '경영조직에 관한 규정이기에 그것은 일종의 규범(구성원이 지켜야 할 기준)이라는 성격을 갖고' 여기에서 규범이란 '삼중구조'를 이루는 '행위', '조직', '재결'(裁決)에 관한 기준으로서의 측면을 갖고 있다(昭和電工株式會社, 1956b, 7-8).

따라서 회사는 인사조직을 중심으로 경영조직을 개혁하기 위해서는 직제규정의 제정과 시행은 불가결한 것으로 인식했다. 즉, 직제규정은 '국가의 헌법'에 해당하는 '회사조직의 기본법'(昭和電工株式會社, 1977: 133-4; 昭和電工株式會社, 1956b: 13)이라고 인식했다. 쇼와전공의 직제규정은 1947년부터 이미 준비되었다. 또한 직무분석은 제2차 세계대전 이전부터 능률 향상을 과학적으로 분석하여 그 정보를 각 기업에 제공해 왔던 노동과학연구소(오하라 마고사부로 설립)의 협력으로 이루어졌다. 이렇듯 직제규정의 준비는 노조의 반대에도 불구하고 진행되어 노조의 교섭력을 약화시키는 결과를 초래한 빨갱이 추방 직후에

빨갱이 추방(Red Purge, 赤狩り)

냉전의 격화 속에서 미군을 중심으로 한 연합군의 점령정책의 일환으로 공공기관이나 일반기업에서 공산당원과 그 동조자를 제거하는 조치였다. 한국전쟁 발발 직후인 1950년 7월 24일, GHQ는 신문협회 대표에게 공산당원과 동조자의 추방을 권고하고 7월 28일 신문사와 방송사에서 민간 부문 최초로 빨갱이 추방을 실시하여 700명이 해고되었다. 또한 일반기업은 공무원의 빨갱이 추방에 이어 GHQ의 압력과 정부의 지도에 의해서 뿐만이 아니라 스스로의 노동대책 차원에서 1950년 10월 이후 1만 명 이상 해고했다. 이러한 빨갱이 추방은 1950년부터 1951년까지 노동운동의 침체를 가속화시켰다.

자료: 大原社會問題硏究所 編(1995) 데이터베이스; 三宅明正(1994).

제정되었다(昭和電工川崎工場勞動組合, 1952: 186).

2) 임금체계 협의와 직무급 도입

노조의 교섭력이 강했던 부흥기 직후의 상황을 고려하면 노조의 동의 없이는 직제개정이 성공할 수 없었다. 따라서 노사 간 협의가 어떻게 전개되었는가에 대해 직제개정 과정의 최대 쟁점이었던 임금체계를 둘러싼 논의를 중심으로 고찰하기로 한다.

한편, 쇼와전공의 종래의 임금체계는 '능력급'의 비율이 제일 높고, '지역수당', '연령급', '가족수당'의 비율이 높았다([표 8-1]). 능력급의 기본적인 지급기준은 학력이었고, 능력급은 정근(精勤)수당(상여수당)의 기준도 되었다(昭和電工株式會社, 1952; 昭和電工株式會社, 1962). 다만 사원으로 '등용'된 경우에는 경험연수에 따라 임금을 가산했다. 여기에서 '등용'이란 6개월간의 시용(試用)기간을 거친 용원(庸員) 중에서 일정 조건을 갖춘 자를 정규사원으로 승격시킨 것을 말한다. 한편, 연령에 따라 임금을 가산한 항목도 있었지만, 1962년 현재의 연령에 기초한 임금 비율은 1952년과 비교하여 낮았다. 지역수당은 지방에 비해 생활비가 비싼 도시지역 종업원에게 지불한 것으로 다른 지역의 공장 종업원보다 가와사키공장과 요코하마공장 종업원에게 많은 금액을 지불하였다(昭和電工川崎工場勞動組合, 1956: 121).

임금체계에 관한 교섭은 경영진이 새로운 임금체계를 제시한 1953년 3월부터 시작되었지만, 그 시점의 경영진의 안은 확인되지 않는다(昭和電工川崎工場勞動組合, 1956: 163-82). 그렇지만 그 시점에서 노조가 제시한 제1차 안과 그 직후에 제시한 경영진의 제2차 안의 내용을 통하여 노사 간의 새로운 임금체계에 관한 인식을 확인할 수 있다. 노조의 제1차 안을 살펴보면 연령을 기준으로 '생

[표 8-1] 쇼와전공의 임금체계에 관한 노사협의 과정(가와사키공장, 1953-54)

종래	노조 1차 (1953. 3)	회사 2차 (1953. 4)	회사 3차 (1953. 8. 26)	노조 2차 (1953. 8. 28)	회사 4차 (1953. 9. 10)	타결안 (1954. 6)
능력급 4,433 27.7	능력급 5,123	본인급 5,874	능력급 5,874	능력급 6,405	능력급 5,874 32.1	능력급 6,205 32.3
연령급 2,597 16.2	연령급 3,347	기본급 3,922	직무급 3,922	직무급 2,009	직무급 3,922 21.4	직무급 4,114 21.4
근속급 453 2.8	근속급 485	근속급 562	본인수당 1,314	본인급 3,858	본인수당 1,410 7.7	본인수당 1,935 10.1
가족수당 1,928 12.0	가족수당 2,087	가족수당 2,391	가족수당 2,391	가족수당 2,891	가족수당 2,649 14.5	가족수당 2,766 14.4
직책수당 209 1.3	직책수당 *					
정근수당 1,552 9.7	정근수당 1,793	정근수당 1,959	정근수당 1,469	정근수당 1,281	정근수당 1,469 8.0	정근수당 1,548 8.1
지역수당 3,124 19.5	지역수당 3,666	지역수당 969	지역수당 983	지역수당 1,083	지역수당 1,021 5.6	지역수당 1,085 5.6
벽지수당 1 0.0		벽지수당 1	보증수당 26	벽지수당 16	보증수당 52 0.3	
전별수당 4 0.0		전별수당 4	전별수당 4			전별수당 6 0.0
임시수당 344 2.1		임시수당 626	임시수당 688		슬라이드 492 2.7	
특작수당 392 2.4					직제수당 4 0.0	
지방세 456 2.8		지방세 456	지방세 456		지방세 456 2.5	지방세 532 2.8
임시수당 517 3.2		임시수당 720	임시수당 781		임시수당 968 5.3	임시수당 1,031 5.4
계 16,010 100.0		계 17,484	계 17,908		계 18,317 100.0	계 19,222 100.0

주: 1) *는 계장 250엔, 주임 150엔, 조장 150엔, 반장 100엔.
2) 회사 2차안 지역수당에 벽지수당 일부 포함.
3) 노조 1차/2차안 합계를 제시하지 않은 이유는 항목 중 불명확한 내용이 있었기 때문임.
자료: 昭和電工川崎工場勞動組合(1956).

활급' 임금체계를 유지하려 했던 의도를 엿볼 수 있다. 그에 대해 회사의 제2차안은 능력급(본인급)과 근속급을 증액하였지만 '직무급'인 기본급을 신설하여 생활급 성격이 강한 지역수당을 대폭적으로 감액하였다. 한편, 4개월 후의 회사안은 노조의 요구를 반영하여 연령과 근속을 기준으로 지급하는 '본인수당'을 증액했지만 능력급과 직무급의 금액은 변경하지 않았다. 그 직후 8월 28일의 노조안은 이전과 같이 본인급, 가족수당, 능력급의 비율이 높았지만 직무급 항목도 처음으로 넣었다. 두 주 후 경영진은 능력급과 직무급의 금액을 유지하여 새로운 임금체계를 견지하면서도, 본인수당과 가족수당을 증액하는 것으로 노조의 요구를 일부 받아들였다. 최종적으로 다음 해인 1954년 6월에 '직무급'이 신설된 임금체계에 관한 노동협약을 체결하여 '새로운 임금체계'가 시행되게 되었다. 최종 타결안의 항목별 임금 비율은 경기변동에 따른 생활비 부족을 보전하는 슬라이드 항목이 본인수당에 가산된 것 이외에는 1953년 9월의 회사안과 같은 내용이었다. 다만 본인수당 지불의 기준이 노조 제2차 안의 '연령 및 근속'에서 '근속'으로 수렴된 점이 주목할 만하다.

이상의 지속적인 노사협의를 통하여 성립된 쇼와전공의 새로운 임금체계는 본인수당과 가족수당과 같은 생활급과 학력을 기준으로 하는 능력급의 비율이 여전히 높아 '속인급'의 성격이 남았다고 할 수 있다. 그렇지만 능력급과 본인수당의 지급 기준이 연령에서 근속으로 수렴되었고 직무급을 신설하여 강력한 속인급 임금체계에서 탈피하게 되었다. 이러한 노사협의를 통한 합의는 부흥기의 교훈이 있었기에 가능했던 것이다.

3) 노사합의의 시행

이상에서 살펴본 새로운 임금체계는 타결안대로 시행되었을까? 협의 과정의 사례로 조사한 가와사키공장의 실태는 자료로 확인되지 않아, 같은 도시지역 공장인 요코하마공장의 사례를 통해 그 실태를 확인하고자 한다([그림 8-5]).

먼저 새로운 임금체계에서 신설된 직무급은 각 직무 간의 임금차이를 유연하게 설정하기 위해 시행한 '직무가급'을 합하면 타결안대로 20% 전후의 비율로 시행되었다. 능력급의 경우는 해마다 변동은 있지만 30% 전반의 수준을 유지했다. 가족수당의 경우는 1950년대 후반 이후의 비율이 약간 낮아지지만 전체로서는 타결안대로 시행되고 있었다. 또한 가족수당의 비율이 새로운 임

[그림 8-5] 쇼와전공의 새로운 임금체계 실태(요코하마공장, 1947-60)

(단위: %)

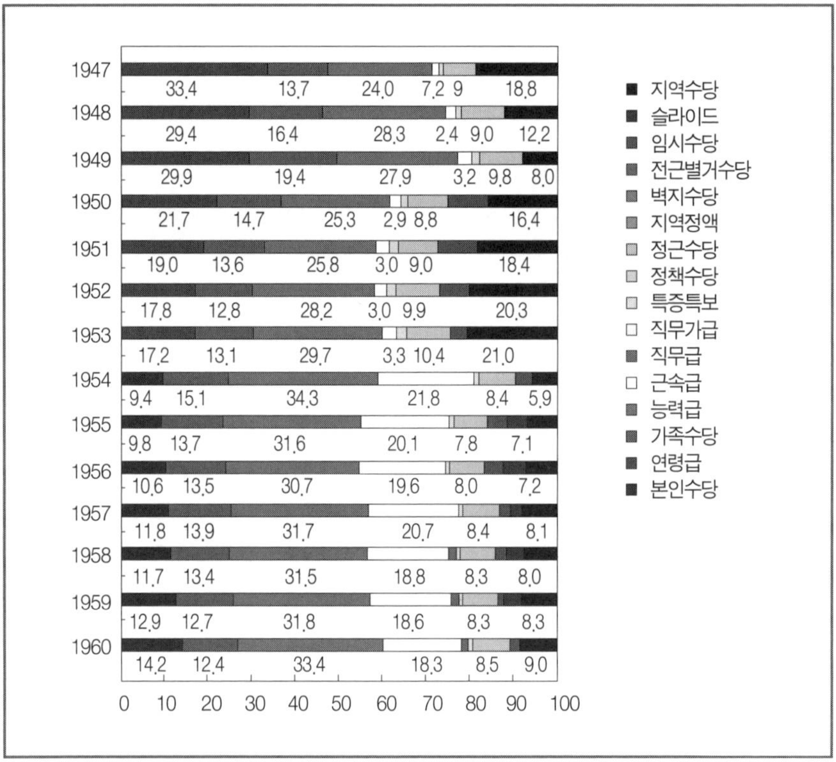

자료: 昭和電工勞動組合橫浜支部(1962), 173-8.

금체계 이전의 비율과 같은 수준으로 유지되고 있는 것을 보면 새로운 임금체계로 바뀌었다 하더라도 노조의 요구대로 생활급이 유지되고 있었다. 한편, 본인수당도 타결안대로 시행되고 있었고, 1950년대 후반 이후에는 그 비율이 높아졌다.

따라서 노사합의에 따라 출범한 새로운 임금체계는 근속연수에 기초하여 지불하는 본인수당의 비율이 증가하고 있는 점 이외에는 타결안대로 시행되고 있었다. 특히, 신설한 직무급도 타결안대로 시행된 것을 확인할 수 있다.

3. 생산성 향상 협력

1) 작업의 유연성과 노동강화

직무변경

쇼와전공이 임금체계에 직무급을 도입한 의도는 인사조직을 직무 중심으로 변화시켜 새로운 기술도입에 따른 기술혁신에 대응하기 위한 것이었다(昭和電工株式會社, 1977: 137-45). 그렇지만, 한편 직무 중심으로 인사조직을 재편하면

작업의 유연성=직무순환

일본 기업 작업조직 운영의 특징으로 유연성이 높다는 점이 자주 지적되고 있다. 미국의 경우 일단 회사에 고용되면 같은 직종에서 근무하는 확률이 높은 반면에, 일본의 경우는 다른 직종으로 직무순환을 하는 확률이 높고, 독일의 경우에는 미국과 일본의 중간 정도 수준이라고 말할 수 있다. 즉, 일본 기업의 작업유연성이 높은 이유는 기업조직 내에서 끊임없이 직무순환이 이루어지고 있기 때문이다. 직무순환이란 인재육성계획에 기초하여 기업 내에서 정기적으로 부서 및 업무 내용을 변경하는 것을 말한다. 직무(job)의 내용과 범위가 일본 기업에서도 규정되어 있지만, 일본 기업의 종업원은 담당하는 일의 범위와 종류가 단일 직무와 일치하지 않고 복수의 직무를 동시에 담당한다. 즉, 업무(task)를 담당하는 것이다. 일본 금융기관의 예를 들면 담당자 X는 하나의 직무만을 수행하는 것이 아니라 난이도가 다른 사무직 1급, 영업직 1, 2급, 영업총괄직의 직무를 동시에 수행하는 '업무'를 담당하고 있는 것이다. 이 담당자 X는 상대적으로 쉬운 계약서 조정과 재융자 직무에서 상대적으로 어려운 융자신청자의 신용과 상환능력을 판단해야 하는 신규 융자와 어떠한 변수에도 대처해야 하는 예외처리 직무까지 수행한다. 이러한 일본 기업의 작업 유연성은 생산성 향상에 공헌하지만 노동강도의 강화로 이어지게 된다.

자료: 정진성 · 여인만 · 선재원(2012), 121-3; Marsden, David(1999), 16.

[표 8-2] 쇼와전공의 인사권한 관계(1956)

	관리직원		사무/작업 직원				임시종업원			촉탁	
	계장 이상	주임 이하	본사		사업장		본사	사업장	본사	과	사업장
			조장 반장	기타	조장 반장	기타					
채용인원	社	社	重	重	重	重	社	社		部	部
채용	社	社	部	課	事長	事課	課	事課	社	課	事課
해고	社	社	部	課	事長	事課	課	事課	社	課	事課
등용	社	社	部	課	事長	事課					
배치	社	社	部	課	事長	事課					
임면	社	重	部		事長						
전근	社	重	部	課	部	課					
승급	社	重	部	課	事長	事課					
상여	社	重	部	課	事長	事課					
표창	社	重	重	重	事長	事長					
징계	社	重	重	重	事長	事長					
휴직	社	重	部	課	事長	事課					
복직	社	重	部	課	事長	事課					
퇴직	社	重	部	課	事長	事課					
출향	社	社	部	部	部	部					
전적		重	部	課	事長	事課					
직무변경		重	部	課	事長	事課					

주: 社(사장), 重(인사담당 중역), 部(인사부장), 課(본사 인사과장), 事長(사업장장), 事課(사업장 인사담당 과장).
자료: 昭和電工株式會社(1956b).

작업의 유연성을 떨어뜨릴 가능성이 높아진다. 따라서 경영진은 그 문제점을 보완하는 조치를 취하려 했다.

그 보완조치의 의미를 보다 명확히 하기 위해 먼저 인사관리 전반의 권한에 대해 살펴보기로 한다([표 8-2]). 인사조직 전체를 관리하는 관리직원의 계장 이상에 대한 모든 인사관리 권한은 사장이 갖고 있었다. 관리직원의 주임 이하에 대해서는 채용인원의 수와 채용, 해고, 등용, 배치, 출향 등 회사조직의 출입과 사내이동에 관련된 사항의 권한은 사장에게 있었지만, 조직 내부의 인사 결정 사항은 인사담당 중역에게 권한이 있었다. 사무 및 작업 직원의 모든 채용인원 수에 관해서는 인사담당 중역에게 권한이 있었고, 표창 및 징계 이외 사항에 대한 사무 및 작업 직원 관련의 본사 조장이나 반장의 인사 사항은 인사부장에게 권한이 있었다. 전근 및 출향 이외의 같은 직원의 사업장 조장 및 반장의 인사 사항은 사업장장에게 권한이 있었다. 임시종업원 및 촉탁 채용인원을 결정하는 권한은 각각 사장과 인사부장에게 있었다. 여기에서 주목할 사항은 사업장 내의 인사는 사업장 내부에서 결정할 수 있도록 권한이 부여되어 있는 점이다. 이러한 인사권한의 분할이 작업조직의 유연성, 즉 직무순환을 가능하게 한 것이다.

다음에 살펴볼 '직무변경'은 주임 이하의 관리직원일 경우에 중역의 결정에 따라 가능했고, 본사의 사무/작업 인원 중 조장/반장 및 기타 직원일 경우에 부장 및 과장의 결정에 의해 가능했으며, 사업장의 사무/작업 인원 중 조장/반장 및 기타 직원일 경우에 사업장장 및 사업장 인사담당 과장의 결정에 의해 가능했다. 즉, '직무변경'은 작업의 유연성을 높이기 위해 다른 인사조치보다 용이하게 처리할 수 있도록 규정했다.

일본 기업 작업 형태의 최대특징인 '유연성'을 제도적으로 뒷받침했던 것이 '직무변경'에 관한 규범이었다. 직무변경이란 같은 계(係) 안에서 다른 직장(職掌) 또는 다른 직계(職階) 또는 직급으로 이동하는 것을 말한다(昭和電工株式會社, 1956b: 157). 이 규범의 시행은 1947년 자격제도 실시까지 거슬러 올라갈 수 있는데 그 내용은, 첫째 다른 직계와 다른 직급(職級)으로의 직무변경과, 둘째 같은 직계와 같은 직급으로의 직무변경이 있다([그림 8-6]). 이러한 직무변경 규범

[그림 8-6] **쇼와전공의 직무변경 사례(1956)**

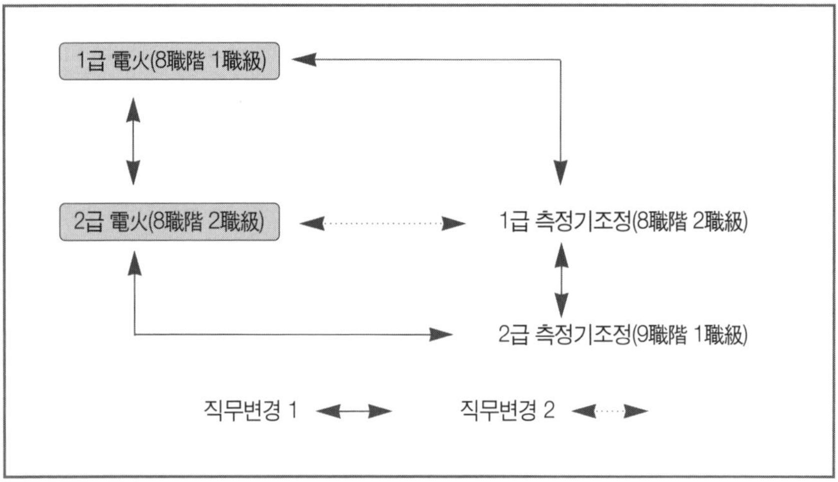

자료: 昭和電工株式會社(1956b).

은 직무급을 도입하더라도 유연성을 유지할 수 있도록 만들어진 보완적인 제도였던 것이다.

쇼와전공의 작업 형태 유연성을 뒷받침한 또 하나의 제도가 '직무응원'이다. 직무응원이란 "자신의 직무 이외의 직무에 응원하러 가는 것"이다(昭和電工株式會社, 1956b: 159). 쇼와전공의 직무응원은 과 사이와 과 내부로 나뉘었다. 과 사이의 직무응원은 인사담당 과장이 응원과 관련되는 과장들과 협의하여 결정하고, 과 내부의 직무응원은 해당 과장이 인사담당 과장과 협의하여 결정하였다. 그 실태는 카바이트와 석회질소를 주로 생산한 카세공장의 조업자료를 통해 상세히 확인된다. 먼저 부문별 받아들인 응원 실제 수의 추이를 보면 총종업원 실제 수의 추이와 월단위로는 연동하지 않지만 연단위로는 연동하는 것을 확인할 수 있다([그림 8-7]).

[그림 8-7] 쇼와전공 카세공장의 각 부문 실제 응원작업일수(1952. 4-1956. 6)

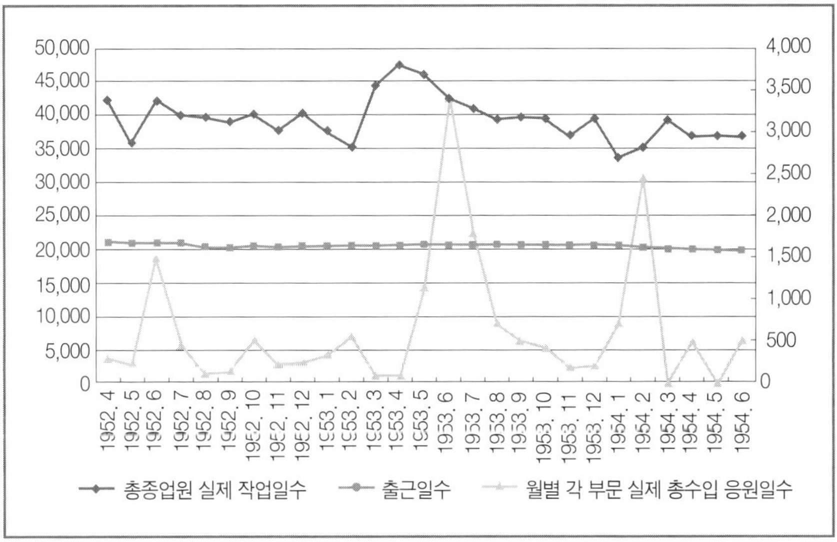

주: 월별 각 부문 실제 총수입응원일수는 오른쪽 축.
자료: 昭和電工株式會社鹿瀬工場(1952); 昭和電工株式會社鹿瀬工場(1952-54); 昭和電工株式會社鹿瀬工場(1953).

[그림 8-8] 쇼와전공 카세공장의 카바이트 생산 부문 월별 수입응원 실제일수와 생산실적(1952. 4-1956. 6)

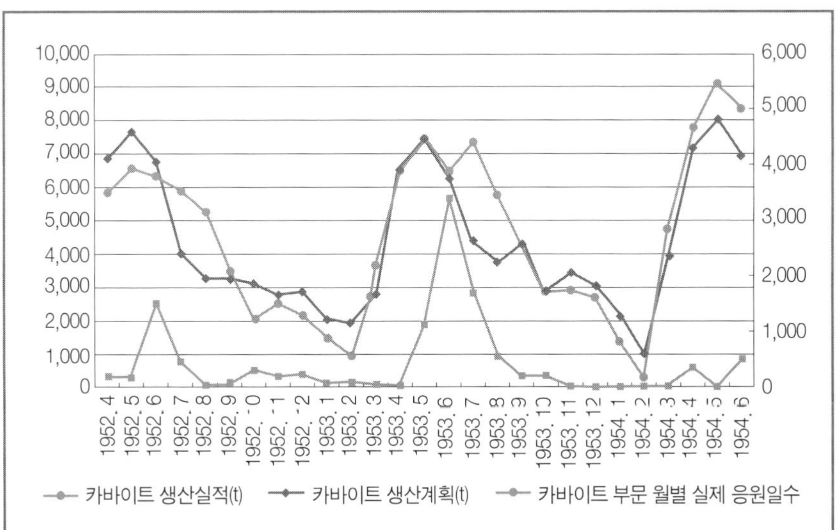

주: 카바이트 부문 월별 실제 응원일수는 오른쪽 축.
자료: [그림 8-7]과 같음.

부문별 응원은 생산실적에 정말 영향을 미쳤을까? 1952년 4월부터 1954년 6월의 부문별 받아들인 총응원 실제 수는 카바이트 생산 부문 11,181일로 석회질소 생산 부문의 3,531일을 크게 앞질렀다([그림 8-8]). 여기에서 카바이트 생산 부문의 받아들인 응원 실제 수와 생산실적이 연동하고 있는 사실을 확인할 수 있다. 또한 생산계획과 받아들인 응원 실제 수의 추이를 비교해 보면 생산계획의 월별 변화를 응원 실제 수가 1개월 늦게 따라 연동하는 것을 확인할 수 있다. 즉, 해당 공장의 생산관리 책임자는 생산계획에 따른 응원규모를 조절하여 생산관리의 직제에 따른 운용만이 아니라 틀을 넘어선 응원을 활용하여 유연성을 상실할 가능성이 있는 새로운 임금체계를 보완하려 했던 것이다. 이러한 부(部)를 넘어선 응원은 이미 전용(轉傭)이라는 이름으로 1932년 야하타(八幡)제철소에서 시행되고 있었다(森建資, 2005: 105-6).

이상과 같이 직무변경이 항구적으로 배치전환하여 '재적'에 영향을 미치는 같은 계(係) 안에서의 규범인 반면, 직무응원은 재적에는 영향이 없는 임시적인 조치로 과 사이 또는 과의 범위를 넘는 배치로 '유연성'을 유지하는 역할을 했다고 평가할 수 있다. 이러한 직무변경과 직무응원은 노동자에게 노동강화를 초래한 것은 사실이었지만, 상생을 위해서는 양보할 수밖에 없다는 역사적 교훈을 기억하고 있었기에 시행 가능했던 것이다.

2) 노동생산성 향상

쇼와전공 노동자의 양보는 노동생산성 향상으로 반영되었다([그림 8-9]). 모든 공장 및 주력공장인 가와사키공장에서의 종업원 수는 대규모 구조조정이 시행된 1949년 이후 큰 변동 없이 안정적이었다. 한편, 유안생산량(가와사키공장)은 1951년과 큰 쟁의가 발생한 1953년에 전년도와 비교하여 감소했지만 1955년

[그림 8-9] 쇼와전공의 노동생산성 향상 추이(전 공장과 가와사키공장, 1950-60)

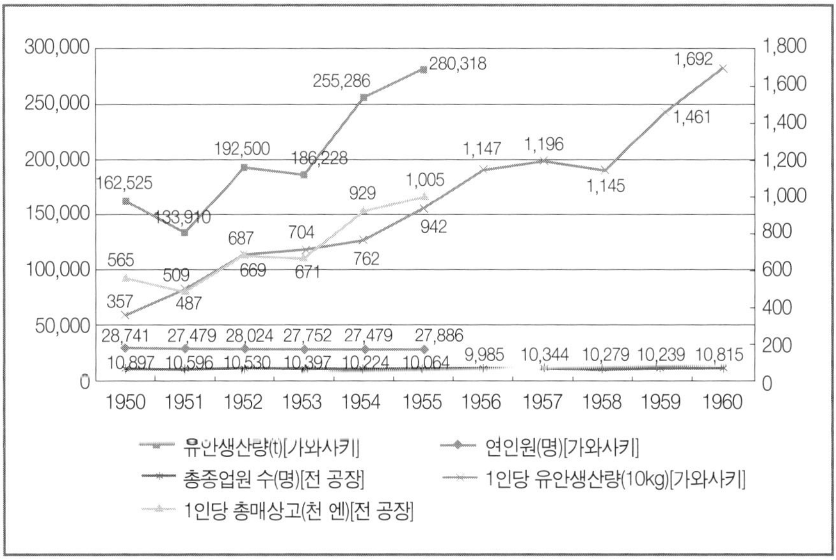

주: 1인당 유안생산량과 1인당 총매상고는 오른쪽 축.
자료: 昭和電工株式會社(1977); 昭和電工川崎工場勞動組合(1956).

까지 증가 추세였다. 그 결과 모든 공장의 평균노동생산성이 1950년대 전반까지 상승했다. 특히, 직제개정이 실시되어 조직의 불안정성이 예상되는 1954-55년에도 노동생산성이 상승했고, 이후에도 상승했던 것을 확인할 수 있다. 따라서 내재화된 역사적 교훈이 생산성 향상에도 기여하게 되었다고 평가할 수 있다. 그렇지만 노사관계는 일체화되어 고정된 것이 아니라 서로의 이익을 끊임없는 상호 협의하여 조정해 나가는 것이기에 항상 안정적이었던 것만은 아니었다.

제9장

실질적 제도의 정착 과정: 사세보중공업

1. 불황산업 구조조정정책
2. 구조조정과 생산성 향상
3. 구조조정 경과
4. 구조조정 방식의 정착

제9장

실질적 제도의 정착 과정: 사세보중공업

1. 불황산업 구조조정정책

일본은 1970년대에 석유위기의 영향으로 급격한 산업구조조정을 겪으면서 고도성장에서 안정성장으로 전환하게 된다. 이 전환을 주도한 '불황산업 구조조정정책'은 1950년대 이후 석탄 및 섬유 등의 특정 산업에 대해 한정적으로 실시되었는데, 석유위기기 이후에는 전 산업에 적용되었다(丁振聲, 2006). 이 정책은 1973년 이후 각 기업에서 진행되었던 구조조정으로부터 촉발된 관련법의 제정에 의해 추진되었다(神代和欣, 1995: 427).

관련법이란 1978년 1월과 2월에 각각 제정된 「특정불황업종이직자임시조치법」(이하 특이법, 노동성) 및 「특정불황업종안정임시조치법」(이하 특안법, 통산성) 등을 지칭한다. '특이법'은 석유위기로 발생한 대량의 이직자에 대한 대책으로 재취직 촉진 등 일반적인 실업대책을 상회하는 특별조치였다. 이 특별조치는 이직수첩을 발급하였는데, 그 수첩을 소지한 자를 고용한 사업주에게는 '조성금'을 제공하였다. 한편, '특안법'은 조선, 평전로강, 알루미늄 정련, 합성섬유, 화학비료 등 구조적 불황에 빠진 업종의 설비처리를 목적으로 제정되었다. 이 법은 지정된 특정 산업의 각 기업에 대해 통산성 장관이 '안정기본계획'의 작성을 지시하고, 설비처리 등의 기업 간 공동처리 및 퇴직금 지불 등으로 발생한 채무를 보증하는 '특정불황산업신용기금'의 설치를 정하고 있다(法政大學大原社會問題研究所 編, 1995: 1030-1). 통산성의 '구조불황업종 대책 추진과 산업전환 원활화'를 위한 예산은 1975년 217백만 엔, 1976년 172백만 엔, 1977년 256백만 엔, 1978년 210백만 엔, 1979년 179백만 엔이었다(植草益, 1984: 87).

노사정은 '특안법' 시행 과정에서 부흥기의 기업재건정비관련법이 시행되었을 때보다 안정적인 노사정관계를 경험하였다. '특안법'은 주무부서인 통산성 장관 명령을 통해 특정 불황산업의 '안정기본계획'에 대한 심의회에 해당 사업자단체와 노동조합을 참여시켜 의견 청취할 것을 의무화하였다. 또한 '특안법'은 특정 불황산업의 해당 기업에게 '안정기본계획'에 기초하여 설비를 축소 처리할 때에는 노조와의 협의를 통해 고용안정을 위한 조치를 취하도록 하였다. 더욱이 '특안법'을 심의한 참의원 상공위원회는 다음과 같은 부대결의로 그 내용을 구체화하였다. "첫째, 관계심의회의의 구성 및 운영에 대해서는 노동자, 관련 중소기업자, 관계지방공공단체 등의 의견이 충분히 반영되도록 배려할 것, 둘째 설비를 처리할 때는 노사협의를 통해 고용안정이 이루어지도록 적절히 지도할 것, 셋째 특정 불황산업 신용기금의 채무보증에 관해서는 해당 산업 노사 양측의 의견을 청취할 것"이었다(神代和欣, 1995: 428).

이러한 '특안법' 시행에 의한 노조의 산업조정정책 과정에의 참가는 이미 1960년대 후반 이후 '산별노사회의'를 중심으로 해당 산업 노사 간의 정책협조 과정에서 준비되었다. 즉, 당시 산업별 조직과 업계단체가 설립한 산별노사회의의 관계심의회에 구조불황산업에 해당되는 기업의 노사 양측이 동시에 참가하였다. 이 심의회에서 노사 양측이 해당 산업정책에 대한 의견교환 및 요구 내용을 조정하여 심의회 답신을 작성하는 형태로 정책협조가 이루어졌던 것이다. 이러한 성과를 기초로 1970년대에 노조는 노사정 협의의 하나의 주체로서 정책 수립 단계부터 참여하게 되었던 것이다(神代和欣, 1995: 429).

한편, 1970년대의 구조조정은 금속광산, 섬유, 철강, 전기, 조선, 화학, 육운 및 해운, 공공 부문(국철, 전전공사, 전매공사 등)에 걸쳐 진행되었지만, 이하에서는 일본의 고도성장을 주도하였고 1970년대에는 첨예한 구조조정을 경험하였던 조선업을 중심으로 살펴보기로 한다(勞動省, 1978년판).

2. 구조조정과 생산성 향상

1) 유연한 노동시장

일본의 조선업은 1956년 건조량 세계 1위를 기록하는 등 일본의 고도성장을 주도했다. 그렇지만 제1차 석유위기 이후 수주량이 급감하여 '특안법'의 적용 대상이 되었다(神代和欣, 1995: 429; 米澤義衛, 1984: 373). 조선업의 각 기업은 1975년부터 본격적인 구조조정을 실시하게 되었다([표 9-1]). 그 가운데 사세보(佐世保) 중공업의 구조조정은 경영계(다이이치칸교(第一勸業) 등 18개 은행 및 닛쇼(日商))와 노동계(민사당, 동맹[전일본노동총동맹], 조선중기노련)가 노사 양측을 지원하는 가운데 정부가 개입하여 1970년대 후반 이후 일본 노사정관계의 향방을 제시한 사례로 잘 알려져 있다(山本潔, 1991). 여기에서 '동맹'은 1962년 전노회의, 총동맹, 전관공(전일본관공직노협의회)의 세 조직으로 구성된 연합조직(동맹회의)이 1964년에 조직을 개편하면서 총평(일본노동조합총평의회)에 대항하는 형태로 만들어진 우파노동조합의 전국조직이다([그림 4-3]). 1987년에는 현재의 최대 전국노동조직인 렌고(전일본민간노조연합회)에 합류하였다(法政大學大原社會問題研究所 編, 1995: 792).

대기업 및 중견 조선업체 회원으로 구성된 일본조선공업회의 조사에 따르

[표 9-1] 일본 조선업의 성쇠(1960-80)

	수주량 (73년=100)	기공량 (74년=100)	종업원 수 (75년=100)	자본량 (76년=100)	건조능력 (75년=100)
1960	2.7	8.7	63.1	-	-
1961	8.6	11.8	67.1	-	-
1962	5.8	10.4	64.3	12.8	-
1963	13.0	16.1	64.5	15.0	-
1964	17.5	23.0	67.9	16.7	-
1965	20.9	28.8	72.6	20.5	40.5
1966	31.8	35.8	71.0	23.8	50.7
1967	26.4	42.6	77.8	26.9	60.1
1968	26.5	43.4	80.3	29.8	58.2
1969	34.5	50.9	76.8	31.6	61.8
1970	52.4	53.7	82.4	39.0	64.0
1971	45.3	62.6	86.8	46.9	84.5
1972	52.0	65.6	95.1	56.7	89.9
1973	100.0	78.8	96.6	70.1	95.3
1974	28.1	100.0	98.3	66.9	97.9
1975	19.5	65.7	100.0	82.0	100.0
1976	21.3	47.2	90.1	100.0	99.8
1977	17.2	34.7	82.0	97.9	99.8
1978	10.4	17.7	66.4	86.7	99.5
1979	23.7	22.8	48.8	65.0	99.5
1980	28.6	36.8	48.0	60.1	65.0

자료: 米澤義衛(1984), 370.

면([그림 9-1]), 조선업 종업원은 제1차 석유위기 이후 1980년대 후반까지 지속적으로 감소하고 있다. 공장 수가 감소해도 회사 수가 그만큼 감소하지 않은 이유는 각 회사가 공장폐쇄 등을 통해 조선 부문을 축소하였지만 기계 및 철구조물

[그림 9-1] 일본조선공업회 회원 회사 총종업원 수 추이(1974-2007)

(단위: 명, %)

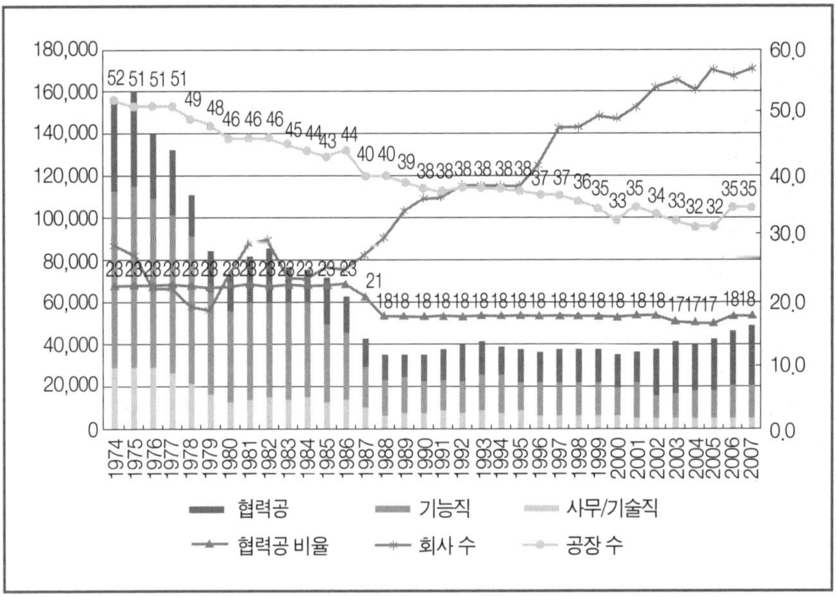

주: 1) 종업원 수는 각 4월 1일 현재.
2) 협력공 비중은 오른쪽 축.
자료: 日本造船工業會(2008), 29.

부문을 확대하였기 때문이었다. 여기에서 주목해야 할 점은 각 회사의 중소협력(하청)회사 직원과 비정규직원들로 구성된 협력직원(協力工) 비중이 1970년대 중반부터 1980년대 초반까지 감소하였지만, 1980년대 중반 이후에는 계속 증가하고 있다는 점이다. 1970년대 중반부터 후반까지 협력직원의 비중이 감소하였던 이유는 석유위기에 따른 불황의 영향이 본사 직원보다 협력직원에게 먼저 미쳤기 때문이다. 한편, 1980년대 전반에 협력직원의 비중이 증가하였던 이유는 제2차 석유위기 이후 경기회복기에 각 회사가 본사 직원의 신규 채용을 억제하고 협력회사의 직원 채용을 급격히 확대했기 때문이었다. 이상에서 조

[그림 9-2] 사세보중공업 종업자 수(1946-2006)

(단위: 명, %)

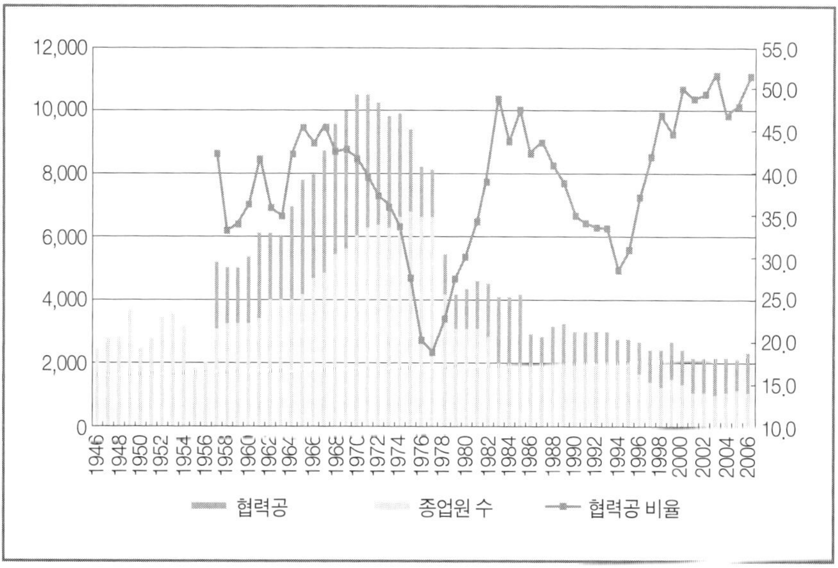

주: 1) 종업원 수는 각년 3월 말 현재.
2) 협력공 수=협력공 수+(하청+재하청+임시)고용 수.

자료: 佐世保重工業60年史編纂委員會(2006); 佐世保重工業60年史, 513.

선업의 노동시장은 고도성장에서 안정성장으로의 전환점이 된 석유위기 이후 대규모 조선기업 및 중견 조선기업 내부노동시장의 범위가 축소된 영향을 받아 고용면에서 유연성이 높아졌다는 것을 알 수 있다.

1970년대 일본 조선업계 제8위였던 사세보중공업은 전후 일본 경제의 변동에 따라 발전과 쇠퇴를 반복하였다([그림 9-2]). 즉, 급격한 긴축재정정책의 영향을 받은 1950년(제4장), 한국전쟁 특수경기 이후 불황기였던 1955-56년, 그리고 석유위기기와 1987-88년의 불황기에 종업원이 감소되었다. 여기서 주목할 점은 협력직원의 비율이 1960년대 후반부터 이미 감소하기 시작했다는 점이다. 또한 흥미로운 점은 1977년 협력직원의 비중은 20% 미만으로 조선업 전체 평균과 거의 같은 수준이었지만, 1980년대 중반부터 1990년대 중반까지는 조선업의 전체 동향과 달리 감소하고 있다는 점이다. 이것은 1980년대 초반 경기회복 때에 다른 회사보다 협력직원을 급속히 확대한 것에 대한 반동으로 발생한 것이었다.

2) 노동생산성 추이

조선업체의 매출은 제1차 석유위기 직후가 아닌 1978-79년과 1985-88년에 급격히 감소하고 있다([그림 9-3]). 이것은 다른 산업에 비해 수주시기와 건조시

[그림 9-3] 일본조선공업회 회원 회사 매출액과 1인당 매출액(1974-2007)

(단위: 억 엔)

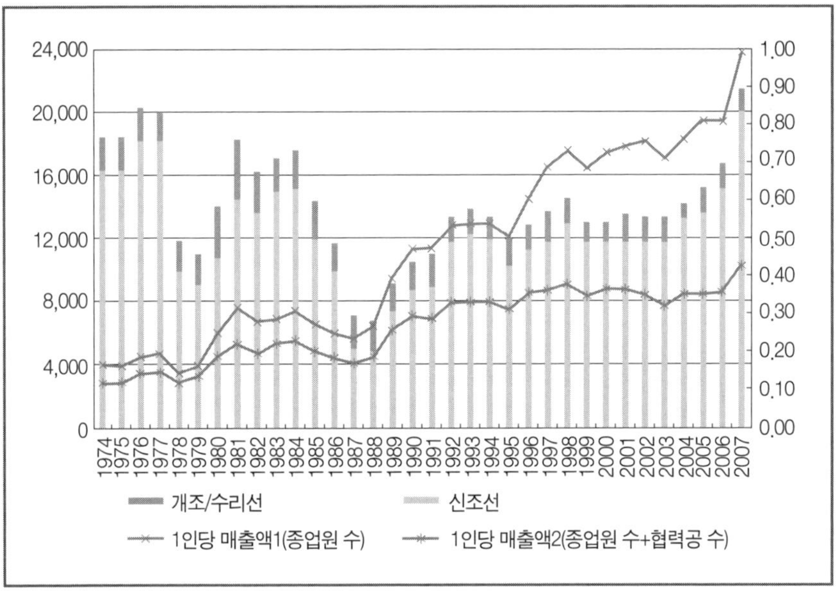

주: [그림 9-1]과 같음.
자료: 日本造船工業會(2008), 23.

[그림 9-4] 사세보중공업 부문별 매출액, 자본금, 1인당 매출액(1946-2006)

(단위: 백만 엔)

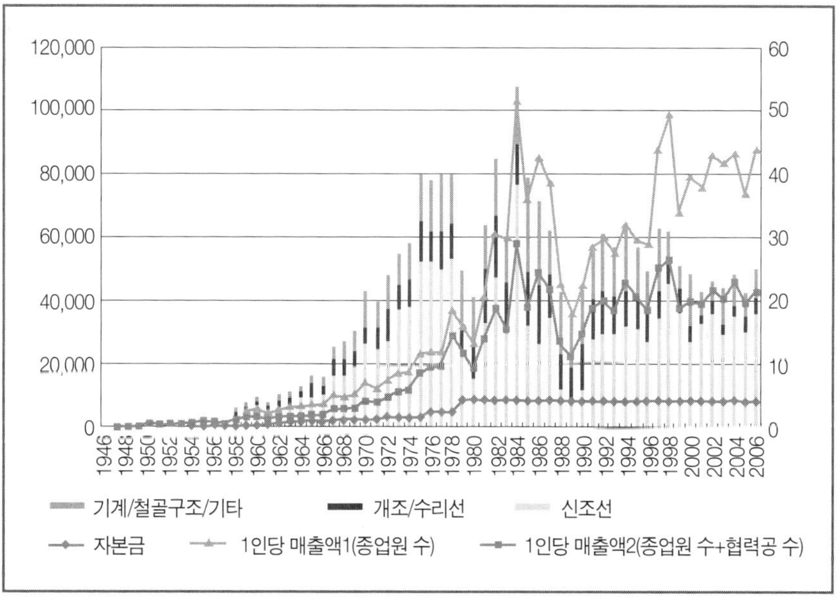

주: 1) 매출액: 전년 4월-해당년 3월 말(1948-53은 이상의 기준으로 재조정).
2) 종업원 1인당 매출액은 오른쪽 축.
자료: 佐世保重工業60年史編纂委員會(2006), 510-3.

기의 차이가 큰 조선업의 특징을 반영한 것이다. 한편, 조선업 1인당 매출액은 1978-79년과 1985-88년 불황 뒤에 증가하고 있다. 증가요인은 총매출액 증가와 더불어 협력공 비율의 증가로 고용량을 유연하게 조절할 수 있었기 때문이었다.

사세보중공업에서의 1인당 매출액도 1978-79년과 1985-88년 불황 뒤에 증가하고 있다([그림 9-4]). 이것의 증가요인 또한 총매출액 증가와 더불어 협력공 비율의 증가로 고용량을 유연하게 조절할 수 있었기 때문이었다.

3. 구조조정 경과

사세보중공업은 해군조선소였던 1924년 '워싱턴군축조약'에 의해 대형함선 건조를 중단하였을 때 2,300명, 1931년에 '런던군축조약'과 대공황의 영향이 있었을 때 1,400명의 인원정리를 실시하였다([표 9-2]). 이때는 퇴직을 유도하는 '희망퇴직' 방식의 적용이 확인되지 않는다.

부흥기의 사세보중공업도 닷지라인의 영향을 받아 1949년부터 1950년까지 임시공 136명, 본사 직원 14명, 조선소 653명의 인원정리를 실시하였다. 경영진은 1949년 12월 노사협의기구인 '경영협의회'를 통해 당시의 노동조합인 '노애회'(勞愛會)에게 인원정리를 주요 내용으로 하는 기구개혁안을 제시하였다(勞愛

[표 9-2] 사세보중공업의 구조조정(1924-87)

연월	내용
1924.00	인원정리 2,300명(워싱턴군축조약에 의해 대형함선 건조 중지)
31.04	인원정리 1,400명(런던군축조약 영향)
49.06	인원정리 임시공 136명
50.02	인원정리 본사 14명, 조선소 653명
53.10	인원정리 임시공 50명
54.03	인원정리 임시공 94명 / 정년퇴직자 고용연장 중지 55세 26명
54.10	인원정리 임시공 160명
54.12	인원정리 임시공 175명
55.01	인원정리 임시공 전원 113명
55.02	인원정리 본사 62명/ 재적 80명
55.03	인원정리 조선소 933명 / 재적 1,856명
78.04	희망퇴직 모집 1,681명(관리직 83명 / 계장 이하 1,598명)
87.09	희망퇴직 모집(목표 390명 / 응모 520명(50세 이상 319명)

자료: 佐世保重工業60年史編纂委員會(2006); 勞愛會10年史編纂委員會(1957); 勞愛會30年史編纂委員會(1975); 柴田弘捷(1983), 1-26.

會年史編纂委員會, 1957: 180-214; 勞愛會30年史編纂委員會, 1975: 26-36). 이후 노사는 12차례의 경영협의회를 거친 후에 협정서를 체결하였다.

인원정리 기준은 '희망퇴직자, 회사업무 축소로 부득이한 자, 정년연한을 초과한 자, 1950년 3월 31일에 정년이 되는 자'이었다. 퇴직금은 노애회가 제시한 평균 5만 엔의 40%에 해당하는 2만 엔으로 결정하고, 퇴직날짜는 1950년 1월 30일로 결정하였다. 이러한 희망퇴직자를 포함한 인원정리 기준은 앞에서 살펴본 바와 같이 부흥기의 다른 회사사례에서도 확인되는 내용이었다. 경영진이 퇴직자 취업을 서면(협정서)으로 약속하고 경영 상황이 회복되어 신규 채용을 시행할 때는 퇴직자를 우선적으로 채용한다는 내용도 부흥기의 쇼와진공의 사례와 같았다.

한국전쟁 특수경기의 반동으로 불황이 발생한 1955년에 사세보중공업의 노사는 협의를 통해 894명의 인원정리에 합의하였다. 주요 인원정리 기준이 '정년을 맞이하는 사람', '희망퇴직자'로 부흥기 때의 기준과 같았다(勞愛會10年史編纂委員會, 1957: 474-97; 勞愛會30年史編纂委員會, 1975: 41-59). 이상과 같이 사세보중공업에서 제2차 세계대전 이전에 시행되지 않았던 '희망퇴직자' 모집이라는 인원정리 방식이 닷지라인 이후에 시행되기 시작하여 이후에도 계속 시행되었다는 사실을 확인할 수 있다.

사세보중공업은 설비와 자본금을 1960년대에 이어 달러 금태환을 포기한 1971년의 '닉슨쇼크'와 1973년의 제1차 석유위기 이후에도 다른 기업과 마찬가지로 확대하였다([그림 9-4]). 이러한 경영규모의 확대는 1977년 8월에 노사협의 기구인 '주요 간부 3인 노사간담회'에서의 불황대책의 제안으로 중단되었다. 경영진이 제시한 불황대책은 '노애회' 정기대회에서 특별결의를 통해 채택되어 같은 해 10월부터 '불황극복운동'(AZ운동)이라는 이름으로 진행되었다(柴田弘捷, 1983: 17-8). 이 불황대책은 인원정리를 포함하여 '1/3 감량체제'라는 형태로 구체화되었다.

그러나 이 불황대책이 표면화된 것은 1977년이었지만, 경영진은 1975년 6월에 '생산 감소에 따른 노무대책'을 논의하여 이미 구조조정을 단계별로 준비했다(東京大學經濟部圖書館 編a, 33-4). 즉, 제1단계는 재직자에게 직접적인 영향이 없는 '잔업 폐지, 신규 채용 중단, 정년 초과 3년 이상 종업원 해고'를 시행하고, 제2단계는 핵심 요원에 직접 영향을 미치지 않는 '정년 초과 및 1, 2년차 종업원 해고, 정년 해당자 재고용 및 정년 연장 전면 중지'하며, 제3단계는 '희망퇴직 모집 또는 지명해고'를 통해 인원정리를 실시하는 것이었다.

4. 구조조정 방식의 정착

1) 모집

1978년 사세보중공업에서 실시된 '희망퇴직'이라는 구조조정의 마지막 수단은 같은 해 많은 다른 회사에서도 실시되었다([표 9-3]). 조선, 철강, 화학, 전기, 섬유, 금속 광산 각 산업의 모집인원 또는 제1차 지원자 수가 확인된 사례에서 볼 수 있듯이, 희망퇴직 모집인원에 대한 응모율이 200%에 가까운 사세보중공업부터 20%에 그친 기업까지 다양하였다. 한편, 전 종업원에 대한 퇴직 비율은 확인할 수 있는 회사 가운데 예외는 있었지만 약 20%대 전후 수준이었으며, 사세보중공업은 평균적인 수준이었다. 주목해야 할 것은 제1차 지원자 수가 모집인원에 못 미칠 경우는 적지 않은 회사가 제2차 모집을 실시하고 있는 점이다.

이러한 사세보중공업의 제2차 모집은 '희망퇴직 모집요강'에서 확인할 수 있다. 이 요강은 노사협의를 거쳐 결정되었지만 경영진의 의도가 강하게 반영되었다. 즉, 노조가 희망퇴직자의 예정인원에 도달하지 않을 경우 추가모집을 하지 않고 '별도조치'하도록 요구하였지만 받아들여지지 않았다(東京大學經濟學部圖書館 編b). 또한 1987년에 시행된 희망퇴직 모집에서도 정년연장된 종업원에 대한 것이었지만 '목표에 도달하지 않을 경우에는 기간을 연장하여 반드시 달성할 것'이라는 사항이 회사의 제안에 명시되어 있었다(佐世保重工業60年史編纂委員會, 2006: 197). 이러한 사실은 희망퇴직자 예정인원에 도달하지 않았을 경우에 제2차 모집을 실시했을 가능성이 높았다는 것을 의미한다.

따라서 1970년대 사세보중공업에서는 협의를 전제로 하였다는 점에서는 실질적으로 '희망퇴직'이라는 구조조정 방식이 정착되어 있었다고 말할 수 있다. 그렇지만 그 내용은 노사협의에 의해 조정될 수도 있었던 것이었다. 이러한 사실은 1970년대에 노사가 '제2차 모집' 금지에 합의하여 일본의 희망퇴직 방식이 정착하게 되었다는 종래의 연구(佐口和郎, 1995)와 배치되는 것이다. 현대적 노사관계란 노사가 일체가 된 것을 전제하지 않고 서로의 이익을 위해 끊임없이 상호간의 협의를 통해 조정해 나가는 것이기에 완전하게 정착된 제도(방식)라는 것은 있을 수 없다. 이러한 점에서 오히려 사세보중공업의 사례가 노사관계의 실태를 반영하는 것이라고 말할 수 있다.

한편, 사세보중공업 경영진은 희망퇴직을 진행할 때 최대한의 주의를 기울이고 있었다. 즉, 희망퇴직을 진행할 때 첫째 단계로 '인력계획을 노동조합과 조합원에게 솔직하게 말하고', 둘째 단계에서는 '인원정리는 현장의 협력이 필요한 것'이므로 그것에 대해 대비하고, 최종 단계에서는 '종업원이 이 정도의 희생은 불가피하다고 생각하는 시기를 선택'하도록 지도하였던 것이다. 여기서 중요한 점은 경영진이 인원정리를 사용자의 '당연한 권리'가 아닌 '최후의 수단'으로 인식하고 있었던 점이다.

[표 9-3] 석유위기기 기업별 희망퇴직 모집 및 응모현황(1978년 12월)

	회사명	종업원 수	모집자 수	1차 응모자 수	응모율	퇴직률	2차 모집
조선	히다치	22,396		1,850		8.3	
	스미토모	10,412	1,200				○
	미츠이			756			
	사세보	6,677	850	1,681	197.8	25.2	
	하코다테	3,304	300	119	39.7	3.6	○
	나무라(名村)	2,338	390	590	151.3	25.2	
	사노야스(佐野安)	1,933	426	136	31.9	7.0	○
	카사도(笠戶)	1,784	300	469	156.3	26.3	
	오사카	1,079	350	330	94.3	30.6	
	니혼카이(日本海)	915	200	220	110.0	24.0	○
	우스카(臼杵)		550	419	76.2		
	카나사시(金指)		350	553	158.0		
철강	닛본스테인레스	1,670	390	377	96.7	22.6	
	고베주철	1,200	481	326	67.8	27.2	
	신코(神鋼)강선	1,170	481	219	45.5	18.7	
	다이도강판	783	147	151	102.7	19.3	
	야마토(大和)제강	529	251	238	94.8	45.0	
	다이테츠(大鐵)	540	140	114	81.4	21.1	
	야하기(矢作)제철	490	150	175	116.7	35.7	
	닛테츠카텐올		361	467	129.4		
	닛체츠금속		339	231	68.1		
	아마가사키제철		100	100	100.0		
	닛본공무(工務)		65	86	132.3		
화학	시무라(志村)		259	63	24.3		○
	혼슈(本州)		200	51	25.5		○
	사카이(堺)		170	80	47.1		○
	린(燐)		150	118	78.7		
전기	오키(沖)		1,500	1,064	70.9		○
	야스카와(安川)		750	385	51.3		
섬유	미츠비시레이온		900	1,000	111.1		
금속광산	미츠이		365	475	130.1		

주: 종업원 수는 1977년 4월 1일 현재.
자료: 勞動省, 1978년판; 日本造船工業會, 1978년 6월 6일(佐世保重工業, 經營勞務關係 1).

2) 기준

사세보중공업 경영진은 공개하지는 않았지만 희망퇴직 모집의 실질적인 기준을 정하고 있었다([표 9-4]). 경영진은 '전원을 은퇴시키는 지명해고'에 가까운 대상으로 정년을 넘긴 종업원과 생활이 곤란하지 않은 맞벌이 여성을 생각하고 있었다. 여기서 경영진이 정년을 초과한 종업원을 우선적 희망퇴직자로

[표 9-4] 사세보중공업 희망퇴직 대상자와 실질적 기준(1978년 3월)

1. 지명해고 유사 대상	55세 이상 고령자
	맞벌이 여자
	근무불량자
	근무태도 불량자
	사생활 문제 있는 자
	징계처분 받았던 자(진정으로 후회한 자 제외)
	능력과 적정(適正)에 문제 있는 자
	병약(病弱)자
2. 강력 권장 대상	처의 수입으로 생활 가능한 자
	상업, 농어업, 목축 등을 자가경영하는 자
	자식이 우리 회사에 근무하는 자
	아파트를 소유하여 그것으로 생활 가능한 자
	젊은 미혼여자
	스스로 재취직이 가능한 자
	표준 이하 업적 29세 이하 독신
	50-54세
	약한 '지명해고 유사' 대상자
	배치전환 또는 먼 지역 출향 불가능한 자
3. 권장 대상	1, 2의 각 항에 준하는 자
	1, 2에 해당하지 않더라도 전직의사가 있을 만한 자

자료: 東京大學經濟學部圖書館 編d, 45.

채택한 이유는 업무능력이 떨어질 가능성이 높다고 판단했던 것보다는 임금이 높고 은퇴 후의 생활도 보장되어 있다고 판단하였기 때문이었다. 또한 경영진은 '강력하게 (퇴직을) 권장해야 할 자'로 '생활에 곤란하지 않은 자, 재취업이 스스로 가능한 자, 저연령층'을 생각하고 있었다.

이상과 같이 노인과 청년 그리고 퇴직해도 생활이 곤란하지 않은 자라는 1970년대 사세보중공업 희망퇴직 대상자의 실질적인 기준은 1949년의 희망퇴직 기준과 크게 다르지 않다. 또한 사세보중공업은 1980년대 후반에도 희망퇴직자를 모집하는데, 그때의 기준도 유사하였다(佐世保重工業60年史編纂委員會, 2006: 197). 다만 여기에서 주목할 점은 '55세 이상 고령자'가 지명해고 유사 대상이었고, '젊은 미혼여자', '표준 이하 업적 29세 이하 독신'이 강력 권장 대상이었던 점이다. 즉, 이 당시의 경영진은 희망퇴직 대상자로 저연령층보다 고연령층을 우선적으로 고려하고 있었던 것이다.

3) 대상

사세보중공업의 희망퇴직자 대상이 된 실제 종업원의 연령별 이직률은 각각 정년 나이에 해당하는 55세 이상은 100%, '정년에 가까운 연령층'은 80%, 40대 후반 및 24세 이하의 연령층은 30%에 가까운 수준이었다([표 9-3])(柴田弘捷, 1983: 19). 경영진이 우선적 구조조정 대상으로 생각하고 있었던 고연령층의 대부분과 차선적 고려 대상이었던 저연령층의 상당 수가 실제 대상이 되었다. 이것은 부흥기의 추적조사 결과(제5장)에서 나타난 인원정리 실제 대상이 저연령층에 집중되었고 고연령층은 차선적 대상이었다는 점과 차이가 있다. 즉, 구조조정 대상이 부흥기에는 고연령층이 주요 고려 대상이었음에도 실제적으로는 저연령층에 집중된 반면에, 석유위기기에는 고려하였던 대로 실제로도 고연령

[표 9-5] 사세보중공업 희망퇴직자의 연령, 직급, 취업형태별 구성(1978년 4월)

	과장 이상			계장 이하										
				계			직접공				간접인원			
	재적인원	퇴직인원	퇴직률	재적인원	퇴직인원	퇴직률	남	여	계		남	여	계	
24 이하				695	206	29.6	146		146	17.4	20	40	60	12.9
25-29				1,633	294	18.0	184		184	22.0	52	58	110	18.4
30-34				1,406	199	14.2	137		137	16.3	40	22	62	12.5
35-39	8	0	0.0	875	87	9.9	43		43	5.1	33	11	44	5.4
40-44	76	9	11.8	533	85	15.9	37	1	38	4.5	37	10	47	5.3
45-49	65	9	13.8	415	124	29.9	69		69	8.2	54	1	55	7.8
50-54	71	24	33.8	503	391	77.7	151		151	18.0	231	9	240	24.5
55 이상	46	41	89.1	214	212	99.1	70		70	8.4	142		142	13.3
계	266	83	31.2	6,274	1,598	25.5	837	1	838	100.0	609	151	760	100.0

주: 1) 재적인원은 1977년 4월 1일 현재.
2) 과장 이상과 계장 이하로 분리하여 조사한 이유는 과장이 비조합원이고 계장 이하는 조합원이었기 때문임.
자료: 東京大學經濟學部圖書館 編c.

층에 집중되었던 것이다. 이것은 부흥기 때보다 사회보장제도가 보완된 이유도 있겠지만, 고연령층의 노동자가 저연령층의 노동자에게 일자리를 양보한 결과라고도 해석할 수 있다.

종장

긴장과 협조

종장

긴장과 협조

본서는 노사정 합의기구가 법제화되어 있지 않음에도 불구하고 실질적인 사회적 합의가 이루어지고 있는 일본 노사정관계의 변천 과정을 구조조정의 시행과 제도화 과정을 중심으로 고찰하였다.

첫째, 일본의 실질적 사회적 합의는 오랜 기간의 시행착오를 거쳐 도출된 것이다. 구조조정(고용조정)의 법적 규제 수준은 일본과 한국이 비슷한 수준이었고, 미국은 덜 엄격하였다. 그렇지만 실제의 고용조정 속도는 한국이 가장 빨랐고 미국이 중간 정도의 속도이었고 일본은 가장 느렸다. 즉, 일본의 노동자는 강한 규제력을 갖는 실질적 사회적 합의에 따라 법적 규제 수준을 상회하는 고용보장을 받고 있다. 그렇지만 이러한 실질적 사회적 합의는 역사적 전제가 형성되고 위기에 직면하여 교훈을 얻고 그 교훈을 내재화시키는 오랜 과정을 거쳐 얻어진 결과였다. 제1차 세계대전 시기 호황 이후의 불황에서 시작되어 세계대공황으로 결정적 경기침체를 맞이하여 발생된 쇼와공황, 일상생활을 위한 상품 이외에 추가적으로 생산된 모든 군수품이 소비되었기에 일종의 거품경제를 형성시켰던 제2차 세계대전 종결로 인한 급격한 경기침체, 그리고 유례를 볼 수 없었던 고도성장 이후 석유파동으로 발생된 에너지 위기에 따른 구조불황의 각 시기에 어김없이 구조조정이 시행되었고, 그 과정에서 일본의 노사는 대립하였지만 협의를 통해 합의를 도출하였고 그 합의를 내재화해 나갔다.

둘째, 전전의 일본 노사관계를 규정하였던 온정주의는 쇼와공황기 때에 그 한계를 드러내었고, 산업화 초기부터 개명적 경영자에 의해 주창되어 온 인격존중주의가 전후 사회적 합의의 역사적 전제를 마련하였다. 온정주의는 기업연금을 실시하고 직원과 직공의 신분차별을 철폐하려는 등의 노력을 기울인 것은 사실이었다. 그렇지만 노사일체의 이념을 추구하는 온정주의는 위기에 직면하였을 때에 그 한계를 드러냈다. 즉, 사용자는 종업원의 복지와 종업원 간의 신분차별을 개선하려 하였지만, 쇼와공황 때 종업원의 임금 인상 요구에 대해(임금 삭감 반대) 경영환경을 고려하지 않는 행위라고 비판하였다. 또한 사용자는 종업원의 경영 의사결정 참여를 통해 생산성 향상 효과를 기대할 수 없고, 종업원지주제와 같은 이익분배제도를 적용하더라도 기업의 운명과 함께 하지 않을 것이라며 종업원에 대한 불신을 드러냈다. 한편, 노동자는 노동쟁의 과정에서 노동자의 대화 요구를 회피하고 감시와 가족을 통한 쟁의단 해체 시도를 경험하여 사용자에 대한 불신이 형성되었고, 그 결과 노동조합을 설립하였다. 한편, 온정주의와는 달리 오랜 기간에 걸쳐 인격존중주의를 추구하였던 경영자들의 노력이 실질적 사회적 합의의 기초를 만들었다. 공정한 자유경쟁을 추구하였던 그들은 노동법을 제정하고 의무교육을 시행하여 장기적인 측면에서의 생산성 향상을 모색하였고, 노동자의 인격을 존중함과 동시에 노동자의 도덕적 의무수행을 요구하였다.

셋째, 일본 노사관계는 전후 급격한 경기침체와 귀환자 유입으로 발생된 대량의 과잉노동력 발생으로 위기에 직면하였으나 새로운 사회적 합의의 교훈을 얻을 수 있었다. 패전 직후 일본의 노동운동은 학력과 연령이 높아 직공뿐만이 아니라 사용자에게도 대표로 인정받았던 직원의 주도로 진행되었다. 부흥기의 구조조정은 패전 직후에 노동운동의 고양과 더불어 연합군의 일본 군국주의 축출을 위한 지원의 영향으로 본격적으로 실시되지 않았으나, 강력한 긴축재정으로 효과를 발휘하기 시작한 구조조정정책(기업재건 정비정책)의 영향으로 급격하게 진행되었다. 기업재건 정비정책의 목적은 전시보상 중지로 발생한 각 기업의 불량채권을 해소하여 재무구조를 개선하고 그것의 실현을 위해 인원정리를 실시하는 것이었다. 노사는 모두 이 정책에 대해 불만은 있었지만 심각한 경기침체를 극복해야 한다는 위기의식을 공유하였기에 반대하지 않았다. 일본 정부는 이 정책을 통해 기업은 재무구조 개선을 가능하게 하고, 노동조합은 기업이 작성한 재무구조 개선을 위한 기업재건 정비계획에 대한 이의제기를 인정하였다. 노사는 처음에는 원활한 협의를 할 수 없었지만, 정부가 노동조합의 이의제기를 받아들여 계획정비안을 회사로 반환시켜 이제는 경영자가 노동조합의 의사를 무시할 수 없다는 경험을 한 뒤에 노사 간의 합의점에 도달하게 되었다. 이렇듯 정책의 양날검 효과의 영향을 받으며 형성된 사회적 합의 과정은 노동조합이 사용자의 실질적인 파트너로 인정되는 과정이었다. 부흥기의 구조조정은 정부가 합리적으로 개입하는 가운데 일경련(일본경영자단체연맹)의 주도로 진행되었다. 일경련이 제시한 인원정리의 기준인 능률, 경험, 유용성, 소행을 각 기업이 받아들인 것은 사실이지만, 각 기업 인원정리의 실질적인 기준은 퇴직 후 생활 가능 여부와 연령(저연령)이었다.

넷째, 일본의 노사는 부흥기의 남겨진 과제였던 조직개편과 에너지 위기에 따른 구조불황 발생 때에 사회적 합의의 교훈을 내재화하였다. 일본 기업은 부흥기에 대량의 과잉노동력을 정리하였지만, 일종의 거품경제 시기였던 전시기의 방만한 경영조직을 개편하기 위한 직제개정을 시행하였다. 직제개정의 핵심 내용인 직무급 도입을 중심으로 한 새로운 임금체계의 협의 과정에서 기술변화에 용이하게 대처해야 한다는 사용자와 생활보장이 가능해야 한다는 노동자의 대립이 있었다. 그렇지만 노동자의 양보로 기존의 생활을 보장하는 원리는 유지하지만 직무급을 도입한 새로운 임금체계에 합의하여 실제로도 적용하였다. 또한 노동자는 노동강도가 높아지지만 작업의 유연성을 유지할 수 있는 직무응원에 동의하여 노동생산성 향상에 협력하였다. 한편, 일본 노사정관계의 사회적 합의는 석유파동에 따른 구조불황기에 새로운 위기를 맞이하였으나, 사업자단체와 노동조합을 구조조정정책 수립 단계에 참여시키는 정부의 조정으로 고비를 넘길 수 있었다. 이러한 합의에 따라 구조조정이 시행되어 노동시장의 유연성이 높아졌고, 많은 기업이 목표치에 도달하지 않았을 때 희망퇴직을 재차 모집한 결과 그 유연성은 한층 높아졌다. 희망퇴직(인원정리)의 실질적 기준은 부흥기 때와 같이 생활보장과 연령이었으나, 연령을 기준으로 하는 대상이 저연령층보다 고연령층에 집중되었다. 이것은 고연령층이 저연령층에게 일자리를 양보하는 제도인 정년제의 실질적인 정착 과정이라고도 말할 수 있다.

일본의 노사관계는 긴장의 비중이 컸던 전전기를 시작으로 부흥기의 위기를 거쳐 긴장의 비중이 작아지고 협조의 비중이 커져 갔다. 물론 긴장과 협조의 비중이 시계열적으로 일정한 방향으로만 진행되었던 것은 아니고 쇼와공황기나 석유파동기와 같은 또 다른 위기의 시기에는 긴장의 비중이 커졌었다. 일본 노사관계의 특징을 이른바 기업별 노조, 연공서열, 종신고용으로 표현한다. 구조조정정책이 정착되었던 1970년대 중반에 산업별로 노사 간의 협의 시기와 노동조건의 협의 수준을 조정하는 춘투가 형성되어 기업별 노조의 약한 교섭권을 보완하였다. 한국의 춘투는 노사 간의 협의 시기를 조정한다는 점에서 일본과 유사하지만 산업별 주요 기업의 노동조건에 관한 협의 수준을 기준으로 같은 산업 다른 기업들의 노사 간 협의로까지 이어지지 않는다는 점에서 일본과 다르다. 부흥기 직후 기업의 의도대로 전면적으로 이루어지지는 않았지만 노동자의 양보로 직무급을 도입하여 연공서열 임금제도를 보완하는 형태로 기술혁신에 대응할 수 있었다. 더욱이 이후 연공서열 임금의 비중은 더욱 줄어 현재의 일본 임금제도를 연공서열에 기초하여 설계되었다고 평가하기 어렵다. 본서에서 살펴보았듯이 일본의 기업은 불황 때마다 구조조정을 시행하였고 최근을 기준으로 그 고용조정 속도가 미국보다는 느렸지만 독일과 비슷한 수준이었다. 따라서 일본의 노사관계는 매우 특수한 형태로 평가하기는 어렵고 긴장과 협조의 비중을 기준으로 다른 나라와 비교 가능한 범위에 있는 형태라고 말할 수 있다. 이러한 성격을 가진 일본의 노사관계 그리고 정부에 의한 개입, 즉 일본 노사정관계의 사회적 합의는 노동자의 지속적인 노력과 더불어, 노동자의 의견이 실질적으로 반영되게 하였던 합리적인 정부의 개입과 노동자의 이익을 보호하고 노동자를 존중하는 것이 기업발전의 필수불가결한 조건이라는 점을 깨달은 개명적인 경영자의 실천에 의해 형성되고 유지 발전되었던 것이다.

참고문헌

서장

송호근(1996), 「하버마스에 대한 비판적 독해: 노동과 정치」, 『한국사회학회심포지움논문집』, 123-52.

은수미(2006), 『사회적 대화의 전제조건 분석: 상호관계와 의제 형성을 중심으로』, 한국노동연구원.

임상훈(2006), 『한국형 노사관계 모델 II: 유럽과 비교한 한국노사관계 분석과 지향』, 한국노동연구원.

______(2008), 「일본의 사회적 협의와 노사정의 전략적 선택 변화」, 『경영사학』, 제23집 제2호, 9-43.

조성재 외(2009), 『공공부문 정원관리의 한일비교』, 한국노동연구원.

조형제(2007), 「'사회적합의' 모델의 가능성 탐색: 울산 건설플랜트 노조의 파업사태를 중심으로」, 『아세아연구』, 제50권 제1호, 122-45.

氏原正治郎(1966), 『日本勞動問題硏究』, 東京大學出版會.

佐口和郎(1991), 『日本における産業民主主義の前提−勞使懇談制度から産業報國會へ−』, 東京大學出版會.

山之內靖(1995), 「方法論的序論−總力戰とシステム統合− 」, 山之內靖 외 編, 『總力戰と現代化』, 柏書房.

Abegglen, James G.(1958), *The Japanese Factory: Aspects of Its Social Organization*, Glencoe, Illinois: The Free Press.

Dunlop, John T.(1958), *Industrial Relations Systems*. New York: Henry Holt and Company.

Luhmann, Niklas(1981), "Wie ist soziale Ordnung möglich?," in Niklas Luhmann, *Gesellschaftsstruktur und Semantik: Studien zur Wissenssoziologie d. modernen Gesellschaft*, Bd. 2 (Frankfurt am Main: Suhrkamp), 195-285(佐藤勉 역(1985), 社會システム理論の視座: その歷史的背景と現代的展開』, 木鐸社).

제1장

大川一司 他編(1976),『長期經濟統計 8 物價』, 東洋經濟新報社.
厚生勞動省,『每月勤勞統計調査』, 각 연도.
______,『勞動組合基礎調査』, 각 연도.
______,『勞動爭議統計調査』, 각 연도.
總務省統計局統計研修所,『日本の長期統計系列』(http://www. stat.go.jp/data/chouki/index.htm).
通商産業省 編(1961),『工業統計50年史, 資料篇 1』.

이인재 · 이연정(2005),「한국의 노동시장은 경직적인가」, 한국노동연구원,『노동리뷰』3, 14-25.
中村隆英(1993),『日本經濟-その成長と構造-』, 제3판, 東京大學出版會.
原朗(1994),『日本經濟史』, 放送大學教育振興會.
Cha, Myung Soo(2003), "Did Takahashi Korekiyo Rescue Japan from the Great Depression?," *The Journal of Economic History*, 63-1, 127-44.

제2장

犬丸義一 교정(1998),『職工事情』, 상, 중, 하, 岩波書店.

大原社會問題研究所 編(1920), 『日本勞動年鑑』, 제1집, 제23집(http://oohara.mt.tama. hosei.ac.jp/rn-pdf/01/01-01.PDF).

______(1995), 『新版 社會・勞動運動大年表』, 勞動旬報社 데이터베이스(http://oohara.mt.tama.hosei.ac.jp/kensaku/nenpyo.html).

大原孫三郎傳刊行會 編(1983), 『大原孫三郎傳』, 中央公論事業出版.

倉敷紡績株式會社 編(1953), 『回顧六十年史』, 倉敷紡績株式會社.

澁澤榮一記念財團情報資源Center(http://d.hatena.ne.jp/tobira/20100606/1275381930).

社會局勞動部(1930a), 『改訂增補 工場法規解釋例規』.

______(1935), 『工場監督年報』, 제20회.

龍門社 編(1959), 『涉澤榮一傳記資料』, 제21권, 涉澤榮一傳記資料刊行會(http://www.shibusawa.or.jp/SH/denki/21.html).

이영석(1994), 『산업혁명과 노동정책』, 한울.

______(2012), 『공장의 역사』, 푸른역사.

石井寬治(1972), 「工場法成立過程の一斷面−製糸業との關連−」, 高橋幸八郎・安藤良雄・近藤晃 編, 『市民社會の經濟構造』, 有斐閣.

入交好脩(1964), 『武藤山治』, 吉川弘文館.

大河內一男・松尾洋(1965a), 『日本勞動組合物語 明治』, 筑摩書房.

______(1965b), 『日本勞動組合物語 昭和』, 筑摩書房.

岩波書店 編(1991), 『近代日本總合年表 第三版』, 岩波書店.

兼田麗子(2006), 「留岡幸助と大原孫三郎の社會思想−日本近代化過程における社會改良實踐の一考察−」, 早稻田大學大學院社會科學研究科博士學位論文(兼田麗子(2003), 『福祉實踐にかけた先驅者たち: 留岡幸助と大原孫三郎』, 藤原書店).

隅谷三喜男(1977), 「工場法体制と勞使關係」, 隅谷三喜男 編著, 『日本勞使關係史論』, 東京大學出版會.

宣在源(2006), 『近代朝鮮の雇用システムと日本: 制度の移植と生成』, 東京大學出版會.

千本曉子(2008), 「日本における工場法成立史−熟練形成の視点から−」, 『阪南論集』 社會科學編, 제43권 제2호, 1-17.

土屋喬雄(2002), 『日本經營理念史』, 麗澤大學出版會.

戸塚秀夫(1966), 『イギリス工場法成立史論: 社會政策論歷史的再構成』, 未來社.

二村一夫(2005), 『二村一夫 著作集』, 제6권, 『高野房太郎とその時代』.

間宏(1964), 『日本勞務管理史研究−經營家族主義の形成と展開−』, ダイヤモンド社.

______(1981), 『日本の使用者團體と勞使關係−社會史的研究−』, 日本勞動協會.

Dawson, Virginia P.(1999), *Lincoln Electric: A History*, Cleveland: The Lincoln Electric Company.

Derber, Milton(1970), *The American Idea of Industrial Democracy, 1865-1965*, Urbana: University of Illinois Press.

Jacoby, Sanford M.(1997), *Modern Manors: Welfare Capitalism since the New Deal*, Princeton, N.J.: Princeton University Press.

Koller, Frank(2010), *Spark: How Old-fashioned Values Drive a Twenty-first-century Corporation, Lessons from Lincoln Electric's Unique Guaranteed Employment Program*, New York: PublicAffairs.

Lincoln, James F.(1946), *Lincoln's Incentive System*, New York: McGraw-Hill.

Reinhardt, Cindy(2010), *Leclaire*, Charleston: Arcadia Publishing.

Tone, Andrea(1997), *The Business of Benevolence: Industrial Paternalism in Progressive America*, Ithaca and London: Cornell University Press.

제3장

鐘紡株式會社史編纂室 編(1988),『鐘紡百年史』, 鐘紡株式會社.
社會局勞動部(1930b),『鐘淵紡績株式會社勞動爭議』.
______(1930c), 鐘淵紡績株式會社勞動爭議其後ノ狀況.
大阪朝日新聞, 1914년 1월 9일, 1920년 12월 22일, 1923년 3월 8일, 1928년 11월 23일, 1928년 12월 27-30일, 1929년 4월 23-24일, 1930년 4월 11일, 1930년 6월 13일.
大阪時事新報, 1930년 2월 16일.
大阪每日新聞, 1930년 6월 5일.
神戶新聞, 1924년 2월 25일, 1930년 4월 11일, 1930년 6월 5일.
東京日日新聞, 1919년 7월 24일.
ILO(International Labour Organization)(http://www.ilo.org).

橋本壽朗(1984),『大恐慌期の日本資本主義』, 東京大學出版會.
前田靖幸(1976),「産業合理化-金解禁の國民的仕上げ-」, 有澤廣巳 監修,『昭和經濟史』, 日本經濟新聞社, 63-5.
村上はつ(1979),「産業合理化運動-勞動生産性の躍進-」, 中川敬一郎 他編,『近代日本經營史の基礎知識』, 增補版, 有斐閣, 189-90.
山崎廣明(1991),「日本企業史序說-大企業ランキングの安定と變動-」, 東京大學社會科學研究所 編,『現代日本社會 5 構造』, 東京大學出版會, 29-80.
油井常彦・大東英祐 編(1995),『日本經營史 3 大企業時代の到來』, 岩波書店.

吉田千代(1988),『評傳 鈴木文治: 民主的勞使關係をめざして』, 日本經濟評論社.
吉野信次(1930),「合理化と勞動者」,『我國工業の合理化』, 日本評論社, 263-80.

제4장

大河內一男 編(1966),『資料・戰後二十年史』, 제4권(勞動), 日本評論社.
大藏省理財局經濟課 編纂(1947),『會社經理應急措置法・企業再建整備法−施行令施行規則, 省令, 告示−』, 大藏財務協會.
神代和欣, 連合總合生活開發研究所 編(1995),『戰後50年: 産業, 雇用, 勞動史』, 日本勞動研究機構.
經營史編集室(1965),『戰後經營史』, 日本生産性本部.
經營者團體連合會(1947),「經營者團體連合會の意見」,『經營者』, 1948년 2월호.
經濟團體連合會・化學工業聯盟(1946),『戰補打切と企業再建−關係法令解說−』.
經濟同友會(1951),「國家補償處理に關する聲明」, 經濟同友會五年史.
古賀專(1947),「企業整備と勞動組合」, 經營研究所 編,『企業整備の理論と實際』, 中文館書店.
戰後經濟政策資料研究會 編(1996),『經濟安定本部戰後經濟政策資料』, 제38권,『勞動(1)』, 日本勞動評論社.
通商産業省 編(1985),『商工政策史』, 제2권,『총설(하)』, 商工政策史刊行會.
永田正臣(1956),『經濟團體發展史』, 小藤書店.
National Center史研究會 編(1985),『日本のナショナルセンター −産別會議・總評・同盟・統−勞組懇の歷史と展望−』, 學習の友社.
日本經營者團體連盟(1949),「東芝企業整備の全貌とその實態」,『經營者』, 7월.
日本經濟新聞社 編(1957),『私の履歷書』, 第2集, 日本經濟新聞社.
日本經濟新聞, 1946년 8월 13일.

日本産業協議會理財部(1946),「軍需補償打切りと企業の整備再建-企業再建整備方策の決定まで-」,『日産協月報』, 1946년 8 · 9월 합병호.
勞動省,『資料勞動運動史』, 勞務行政研究所, 1949, 1977, 1978년판.
勞動戰線, 1947년 9월 9일(産別記念會 編(1973),『産別會議 · 全勞連機關誌-勞動戰線 · 勞動新聞 · 勞動者-』, 勞動旬報社).

임채성 엮음(2013),『협조적 노사관계의 행방: 전후 일본의 노동과 경영의 변용』, 박문사.
岩崎馨 編著(2012),『産業別勞動組合の組織と機能: 資料編, 産業別組織系統圖付き』, 日本生産性本部生産性勞動情報Center.
野村平爾(1957),『日本勞動法の形成過程と理論』, 岩波書店.
林健久 · 今井勝人 編(1994),『日本財政要覽』, 제4판, 東京大學出版會.
松尾弘 · 山岡喜久男 編(1969),『戰後日本經濟政策史年表』, 增補版, 勁草書房.
三和良一 · 原朗 編(2010),『近代日本經濟史要覽』, 改訂版, 東京大學出版會.
宮崎正康(1983),「企業財務」, 大藏省財政史室 編,『昭和財政史-終戰から講和まで-』, 제13권, 東洋經濟新報社.

제5장

經濟安定本部,『經濟現況報告』, 1950년도판.
厚生省援護局 編(1978),『引揚げと援護三十年步み』, 厚生省.
日本産業協議會産業部(1947),「整理人員調査について」,『日産協月報』, 1947년 2월호.
勞動省大臣官房勞動統計調査部 編,『勞動統計調査年報』, 각 연도.
______(1950),『被解雇者實態調査結果報告』.

歷史學硏究會 編(1997),『日本史史料』, 제5권(현대), 岩波書店.

尾高煌之助(1996),「引揚者と戰爭直後の勞動力」,『社會科學硏究』, 제48권 제1호, 東京大學社會科學硏究所.

제6장

石川一郎文書, N9-1 (昭和電工人事關係).

______, N9-2 (昭和電工企業合理化 1947-49).

昭和電工株式會社(1977),『昭和電工五十年史』.

昭和電工株式會社川崎工場, 연도미상a,『川崎工場史(稿)』.

______, 연도미상b,『川崎工場史(稿)續』.

昭和電工川崎工場勞動組合(1952),『組合五年史』.

______(1956),『組合十年史』.

______(1977),『組合三十年史』.

禹悰杬(2003),『'身分の取引' と日本の雇用慣行』, 日本經濟評論社.

佐口和郎(1995),「高度成長期以降の雇用保障—雇用調整の展開に則して—」, 武田晴人 編,『日本産業發展のダイナミズム』, 東京大學出版會.

二村一夫(1994),「戰後社會の起点における勞動組合運動」, 坂野潤治 他編,『シリーズ 日本近現代史: 構造と變動』, 第4卷,『戰後改革と現代社會の形成』, 岩波書店.

三宅明正(1994),『レッド・パージとは何か: 日本占領の影』, 大月書店.

제7장

東京芝浦電氣株式會社(1949),『戰後經營の推移と合理化の方途』.

東京芝浦電氣株式會社 編(1963),『東京芝浦電氣株式會社八十五年史』.

東芝堀川町工場從業員組合史料(1981).

東芝堀川町勞組(1949),『委員必携』.

東芝勞連事務局(1949a),『會社再建協議會議事錄』(東芝勞連印刷 제877호, 1949년 7월 5-13일).

______(1949b),『爭議解決に關する團交議事錄』(東芝勞連印刷 제1132호, 1949년 11월 16일).

______(1949c),『本協定調印に關する團交議事錄』(東芝勞連印刷 제1152호, 1949년 12월 10일).

東芝勞連十年史編纂委員會(1964),『東芝組合運動史』.

石川忠延(1986),『東芝風雲錄−占領下の風變わりな勞動爭議−』, 東洋經濟新報社.

遠藤公嗣(1989),『日本占領と勞資關係政策の成立』, 東京大學出版會.

三宅明正(1991),「東芝爭議(1945-46)−敗戰と從業員組合の生成−」, 勞動爭議史研究會 編,『日本の勞動爭議(1945-80)』, 東京大學出版會.

山本潔(1983),『東芝爭議(1949)』, お茶の水書房.

제8장

昭和電工株式會社(1950),『昭和25年の當社現況分析と現段階に於ける問題点』.

______(1952),『從業員就業規則』.

______(1962),『從業員就業規則』.

______(1956a),『職制規程』.

______(1956b),『職制規程解說』.

昭和電工株式會社鹿瀨工場(1952),『操業概況書』.

______(1952-4),『工場概況書』.

______(1953),『操業年報』.

昭和電工川崎工場勞動組合勞動組合横浜支部(1962),『組合十五年史』.

日本經營者團體連盟(1965),『日本における職務評價と職務給』.

정진성 · 여인만 · 선재원(2012),『일본의 기업과 경영』, 한국방송통신대학교출판부.

森建資(2005),「官營八幡製鐵所の勞務管理 2」, 東京大學,『經濟學論集』, 제71권 제2호.

Marsden, David(1999), *A Theory of Employment Systems: Micro-Foundations of Societal Diversity*, New York: Oxford University Press.

제9장

東京大學經濟學部圖書館 編a,「7-1 合理化對策 1」, 吉田力 · 佐世保重工業關係資料.

______b,「26-2 合理化勞協 1」,『吉田力 · 佐世保重工業關係資料』.

______c,「26-3 希望退職 2」,『吉田力 · 佐世保重工業關係資料』.

______d,「26-3 希望退職 3」,『吉田力 · 佐世保重工業關係資料』.

佐世保重工業(1977, 1978),『經營勞務關係 1』.

佐世保重工業60年史編纂委員會(2006),『佐世保重工業60年史』, 佐世保重工業株式會社.

佐世保關争史編集委員會(1981),『佐世保關爭史』, 全國造船重機械勞動組合連合會.
日本造船工業會(1978),『雇用關連諸施策調べ』, (1978.6.6)(佐世保重工業,『經營勞務關係 1』).
_______(2008),『造船關係資料』.
勞愛會10年史編纂委員會(1957),『勞愛會10年史』, 勞動組合佐世保勞愛會.
勞愛會30年史編纂委員會(1975),『勞愛會30年史』, 勞動組合佐世保勞愛會.
勞愛會50年史編纂委員會(1995),『勞愛會50年史』, 勞動組合佐世保勞愛會.

植草益(1984),「石油危機以降」, 小宮隆太郎 他編,『日本の產業政策』, 東京大學出版會, 77-101.
柴田弘捷(1983),「不況下の經營・勞動者・地域(1) –長崎縣佐世保市・佐世保造船所を事例として–」,『專修大學社會科學研究所月報』, No. 238, 1-26.
丁振聲(2006),「高度經濟成長期の石炭產業調整政策–生產維持と雇用調整を中心に–」,『社會經濟史學』, 제72권 제2호, 3-26.
山本潔(1991),「佐世保重工爭議(1979-80)–構造不況下の'近代化'關爭–」," 勞動爭議史研究會 編,『日本の勞動爭議(1945-80年)』, 東京大學出版會, 383-421.
米澤義衛(1984),「造船業」, 小宮隆太郎 他編,『日本の產業政策』, 東京大學出版會, 369-89.

Historical Precept of Social Concertation: Restructuring and Tripartite Relations in Japan, 1890-1990

Jae Won Sun

Introduction: Restructuring and Social Concertation

Is the employee and employer in Japan tied up as one? No, they are consulting with labor and managerial issues routinely and regularly while maintaining strained and cooperative relations under the substantial rules as well as formal rules.

Social concertation reduces a cost originated from conflict of stakeholders and sustains a stable society. Social concertation in industrial relations could be settled down through not only stable relations between labor and management but also rational intervention by government.

In this book, we mapped out the evolution of concertation in tripartite relations in Japan in order to derive a precept from this examination. Moreover, we focused on a formation of substantial concertation in restructuring between employee and employer with interventions by government. Because the substantial rules are stronger than the legalistic rules in Japan and a restructuring is the most significant impact on industrial relations.

Indexes of Japan's Tripartite Relations

The substantial social concertation in Japan was established after trial and error over a long period of time.

The level of legalistic ruling for employment adjustment in Japan is same as South Korea but higher than the USA. The speed of substantial employment adjustment in Japan, however, was slowest during middle speed in USA and fastest in South Korea; therefore substantial social concertation which is stronger than legalistic ruling in Japan protecting Japanese workers. This substantial social concertation was established in a century not a moment through formation of precondition, earning precept and internalizing precept.

In Japan, as like other countries, the restructuring occurred not only in the Showa depression, which originated from depression right after the First World War and the Great Depression, but also in the depression immediately after end of the Second World War which was a bubble in an economic aspect. It occurred also in the structural depression which originated from the oil crisis afterwards through high economic growth. In this book, we focused on these three times which an antagonism was strong between employees and employers in Japan but they made a concertation through consultation and internalized of those practices.

Preconditions of Tripartite Concertation: Benevolence and Respecting Personality, 1890-1945

The theory of respecting personality by civilized Japanese employers was established as a precondition of postwar social concertation after that the paternalism by the other Japanese employers failed to allocate to labor-management relations in the

Showa depression period.

Japanese employers, especially at the Kanebo Company, the biggest spinning company in 1930 of Japan, tried to increase employee's welfare and position through launching a company pension and abolition of job discrimination. The paternalism in Japan, however, which sought to realize one body of employee and employer was faced with limitation in the Showa depression period. Japanese employer criticized employees who denied wage cut that employer thought employees did not concern managerial condition even though employer had been tried to improve job discrimination before the Showa depression. Furthermore, Japanese employer did not expect an effect of increasing labor productivity through an employee participation in management decision making as well as distrusted employees who would not join to company's destiny even though allowed to join profit sharing system. Meanwhile, employees distrusted the employer who denied consultation with employees and tried to break up the dispute group by monitoring and using employees' family. After this event happened, the distrust between employee and employer became main stream and it accelerated to establish labor unions in Japan.

The efforts by employers who tried to realize theory of respecting personality resulted in preconditions for basis of substantial social concertation. They, who sought to realize a fair competition, tried to find a way of increasing productivity in the long term through enactment of factory laws as well as launching duty education. Moreover, they were respecting employee's personality as well as asking them to achieve employee's duty as a worker.

Starting Point of Tripartite Concertation: Crisis and Precept, 1945-1949

Japanese employee and employer learned precept of social concertation after coping with crisis in labor-management relations caused by depression after the Second World War and huge repatriates from former colonies.

During reconstruction period, white collars workers, who were elder and highly educated rather than blue collars workers, led a labor movement because they were recognized by employer as well as blue collars workers. The restructuring did not progress very well immediately after the Second World War because labor movement enhanced and the Allied Powers supported that in order to prevent re-militarism in Japan. Eventually, the restructuring policy like the Enterprise Reconstruction Policy advanced dramatically which was accelerated by intense deflation policy called the Dodge Line.

The goal of Enterprise Reconstruction Policy was not only removal bad bonds of companies originated from stopping compensation by Japanese government but also to reform the financial structure. An employment adjustment followed after financial structure. Both employee and employer agreed with this policy even though they had dissatisfactions in terms of the policy because they shared crisis consciousness that they needed to recover from significant depression immediately. Japanese government admitted a formal objection by labor union against an enterprise reconstruction plan which was made by a company in order to realize financial reform. The Japanese government hoped to derive social concertation from a consultation between employee and employer.

The Japan Federation of Employers' Association (Nikkeiren), as an enterprise organization for labor measurement, led the restructuring process and provided the restructuring standards which were efficiency, experience, usefulness and conduct. It was true that the companies accepted these standards but those of an economic availability to live after retirement and an age especially lower age were substantial standards for employment adjustment during reconstruction period. In an initial stage, it did not proceed smoothly but employee and employer became to concertation because employer experienced that labor union's formal objection was approved by Japanese government and could not avoid the consultation with labor union which was recognized by the Labor Union Law enacted in 1945. Therefore, the restructuring process was not only labor union in torment by huge employment adjustment but also recognizing progression as a substantial consultation partner of the employer.

Anchoring of Tripartite Concertation: Internalization of Precept, 1950-1990

Employee and employer internalized the precept social concertation in the reform organization period and the structural depression period after oil crisis in Japan.

Japanese companies dismissed many employees during reconstruction period but they needed to reform job organization because the legacy of the Second World War still remained. There was conflict between employees, who desired to sustain employee's living security-based pay system, and employer, who aimed to cope with technological change, especially at the Showadenko Company during consultation in terms of introduction of job-based pay system which was the core in job organization reform. In result, employees made concession that a job-based pay was allocated to wage system which would sustaining employee's living security-based pay. Employees, furthermore, cooperated to increase labor productivity that accepted with job support (Oen) which was available to improve work flexibility even though it was forced to escalate intensification work.

The social concertation of Japanese tripartite relations faced a crisis during structural depression in 1970s caused by oil crisis. They, however, overcame the crisis, because Japanese government coordinated the relations between labor unions and enterprise organizations. Japanese government let participates of labor unions and enterprise organizations into process for restructuring establishment policy. As a result, the flexibility of Japanese labor market increased and got more flexibility since many companies called to subscribe retirement again when it was not reached to the target amount of retirement. The main substantial standard of retirement in the oil crisis period was a living security and an age as in the reconstruction period. The main target in oil crisis period, however, was an older age unlike reconstruction period. We can point out this was anchoring of retirement system that an older age group made in concession for a younger age group.

Conclusion: Tensions and Cooperation

The most important contribution of this study is that let us understand which the substantial operation of tripartite relations in Japan is different from South Korea even though two countries have similar tripartite relations institution. This study, moreover, is different from previous studies because it focused on restructuring implementation and institutionalizing process in Japanese tripartite relations which create substantial concertation even though it has no formal concertation institutions unlike South Korea.

We could understand that the stable industrial relations in Japan were a historical product through a substantial concertation process as well as continually adjusting the tension between labor and management, not only in formal agreements. Furthermore, we comprehended that the social concertation of tripartite relations in Japan was established by not only employees' ongoing efforts but also the rational government intervention. Simultaneously, it was formed by the civilized employers who realized that respecting employee's personality and protecting employee's benefits are necessary in order to develop enterprise as like in England and in other developed countries.

Keywords: Social Concertation, Substantial Concertation, Historical Precept, Restructuring, Tripartite Relations, Japan, Benevolence, Respecting Personality, Tension, Cooperation

Table of Contents

List of Tables

List of Figures

찾아보기

[ㄴ]

[ㄷ]

[ㅇ]

[ㅈ]

[ㅊ]

[ㅋ]

[ㅌ]

[ㅍ]